Tolly Burkan

Spiritualität Extrem

Das Unmögliche machen

Arun

Arun-Verlag, Ortsstr. 28, D-07407 Engerda, Tel.: 036743-23311, Fax: 036743-23317,
e-mail: info@arun-verlag.de, Internet: www.arun-verlag.de

Originaltitel: Extreme Spirituality - Radical Journeys for the Inward Bound. Originalausgabe veröffentlicht in Englisch 2002 by Beyond Words Publishing, Inc. First Published by Beyond Words Publishing, Inc., Hillshore, Oregon.
Übersetzung: Frances Hoffmann.
Gesamtherstellung: Hubert & Co., Göttingen.

ISBN 3-935581-36-X

Inhalt

Vorwort

Von Andrew Weil, M.D.

Was ist extreme Spiritualität? Es ist ein Akzeptieren, ja sogar ein Begrüßen von Herausforderungen, mit dem Ziel, im Geiste zu wachsen. Der Feuerlauf ist ein Beispiel dafür. Viele werden sich fragen, was wohl einen Menschen bewegen sollte, aus freien Stücken über rotglühende Kohlen zu laufen. Nun, als einer von denen, die das schon mehrfach getan haben, kann ich Dir sagen, dass der Feuerlauf, ebenso wie andere extreme spirituelle Praktiken in diesem Buch, ein sehr mächtiger Akt der Verwandlung mit unglaublich hohem Potential sein kann. Wenn Du dieser Herausforderung mit der richtigen Einstellung und Erwartungshaltung entgegen trittst, dann wird sie Dich über Deine selbst erfundenen Grenzen hinaus wachsen lassen. Du wirst eine Klarheit erlangen, die Dich den Unterschied zwischen Deinem Ego – dem sorgenvollen, Ich-zentrierten Selbst – und Deiner göttlichen Natur erkennen lässt.

Als Vater des Feuerlaufs ist der wahre Verdienst Tolly Burkans nicht einfach nur seine Methodik – Holz verbrennen und dann andere über heiße Kohlen laufen lassen kann jeder. Seine besondere Leistung besteht darin, dass er uns gezeigt hat, dass der Feuerlauf durchaus nichts Fremdes und Unerreichbares ist. Genauso wie alle anderen extremen Praktiken ist er lediglich ein Werkzeug, das uns unsere eigenen selbst-erschaffenen Grenzen erkennen lässt. Und das ist weder abnormal noch esoterisch. Die Botschaft Tollys in diesem Buch handelt von Aufregung und Hoffnung: Du kannst alles tun, was immer Du auch willst.

Ich will Dir kurz meine Erfahrungen während dreier Feuerläufe schildern. Anhand meiner Erfahrungen – und da gab es neben den guten auch weniger gute – kannst Du deutlich sehen, auf welche Art und Weise Deine Entscheidungen und Erwartungen Dich dabei beeinflussen, wie Du mit einem Hindernis umgehst.

Im Januar 1984 veranstaltete Tolly Burkan in meinem Haus in der Nähe von Tucson einen Feuerlauf-Workshop. Über 80 Menschen nahmen daran teil, darunter auch 20 Medizinstudenten der Universität Arizona. Tolly versorgte uns mit denselben Informationen, die Du im Folgenden noch lesen wirst, und dann begaben wir uns hinaus auf die Pferdekoppel unter einem sternklaren Wüstenhimmel. Ein riesiges Feuer war bis auf die Glut herunter gebrannt. Tolly harkte nun die Kohlen zusammen zu einem Glutbett von 70 cm Breite und 4 m Länge. Man brauchte vier Schritte, um von einem Ende zum anderen zu gelangen.

Dieses Glutbett verströmte eine ungemeine Hitze, wenn man sich ihm näherte. Das Holz, das wir verwendet hatten, war Pekanie und Kiefer, eine sehr heiß brennende Kombination. Es war „eines der heißesten Feuer", wie Tolly uns sagte – und er hatte wohl schon mehr Feuergruben gesehen, als irgendein anderer. Die Gruppe war voller Erwartung.

Tolly ging als erster über die Glut; ich sollte als einer der nächsten gehen. Doch bevor ich beschreibe, was mit meinen Füßen geschah, will ich zuerst meinen damaligen Geisteszustand erläutern. Meine Kondition war gut bis durchschnittlich, und ich hatte vorher nichts getan, was meine Füße abgehärtet hätte. Auf emotionaler Ebene fühlte ich mich ebenfalls durchschnittlich, geistig allerdings war ich völlig zerstreut. Meine Eltern waren bei diesem Feuerlauf zugegen, ebenso mein Chef aus der medizinischen Universität, der sich vor allem um die Sicherheit seiner Studenten sorgte. Mein Hund hatte damals gerade zwölf kleine Welpen, die nun oben in meinem Schlafzimmer laut heulten. Da ich den Feuerlauf organisiert hatte, fühlte ich mich für den Erfolg des Abends verantwortlich und setzte mich auch irgendwie selbst unter Druck, als einer der ersten laufen zu müssen und als gutes Beispiel voranzugehen.

Vom ersten Schritt an empfand ich die Kohlen als brennend heiß, was mich sehr überraschte. Ich schaffte es, ohne Schwanken und ohne den Schmerz zu registrieren, ans andere Ende zu gelangen. Allerdings befand ich mich hart an meiner Schmerzgrenze. Ich glaube nicht, dass ich noch mehr als einen oder zwei weitere Schritte durchgehalten hätte und war sehr froh, als ich am Ende den kalten, feuchten Boden unter meinen Füßen spüren konnte. Während ich mich vor und während des Laufes irgendwie ziemlich unwohl gefühlt hatte, so verspürte ich doch danach eine starke Veränderung: ein gewaltiger Adrenalinschub begleitet von einem überwältigenden Gefühl der Erleichterung und der Zusammengehörigkeit mit den anderen Läufern. Meine Füße kribbelten und fühlten sich verbrannt an, doch ich war gar nicht in der Lage, meine Aufmerksamkeit auf sie zu richten, denn es geschah so viel Anderes um mich herum.

Ich beobachtete, wie andere über die Glut liefen. Von der Art und Weise, wie sie sich bewegten, schloss ich, dass die meisten wohl dasselbe empfanden wie ich. Einige von denen, die in jener Nacht über die Kohlen liefen, sagten, sie hätten keinerlei Hitze verspürt. Bei ihnen waren auch keine Verbrennungen an den Füßen zu sehen.

Als die Kohlen schließlich verglüht waren, kehrten wir allesamt ins Haus zurück, immer noch von einem seltsamen Hochgefühl ergriffen. Alles, was die Glut an meinen Füßen hinterlassen hatte, waren ein paar Brandblasen, die mich etwas unruhig schlafen ließen. Am nächsten Tag jedoch war der Schmerz fast vollständig abgeklungen.

Was ich während dieses ersten Versuches gelernt habe, ist, dass es mindestens zwei Wege gibt, über die Glut zu laufen. Zum einen ist es gar nicht so schwer, einen Weg von 4 m entschlossenen Schrittes zurückzulegen, indem man sich eine gewisse stoische Haltung bewahrt und nicht irgendetwas Dummes tut, wie stehen zu bleiben oder hinzufallen. Das Schlimmste, was dabei passieren kann, sind vereinzelte Verbrennungen ersten oder zweiten Grades, die allerdings keine Spätfolgen mit sich bringen. Auf praktischer Ebene ist es ganz nützlich, den Feuerlauf einfach einmal von seiner Rätselhaftigkeit zu befreien und sich bewusst zu machen, dass jeder ihn schaffen kann.

Zum anderen gibt es noch die angenehmere Möglichkeit, in einem anderen Bewusstseinszustand über die Glut zu laufen, wodurch Reize und ihre Wirkungen eine andere Gewichtung bekommen, als in normalem Zustand. Dieses Buch soll Dich dazu ermutigen, diesen „anderen Bewusstseinszustand" aufzuspüren, in welchem Du Deinen Geist und sogar Deinen Körper völlig unter Kontrolle hast. Das hatte ich mit meinem ersten Feuerlauf nicht zustande gebracht, und deshalb wollte ich es wieder versuchen.

Die nächste Möglichkeit zum Feuerlauf ergab sich für mich sechs Monate später wiederum auf meinem Anwesen. Diesmal jedoch fand sich nur eine kleinere Gruppe von ungefähr 12 Leuten ein, von der nur die Hälfte den Lauf wagen wollte. Der Leiter war ein ansässiger Tai-Chi Lehrer, der trotz mangelnder formeller Anweisungen der Meinung war, er könne uns das Feuerlaufen lehren. Leider war er überhaupt nicht in der Lage, auch nur in einem der Teilnehmer das Gefühl von persönlicher Stärke und Freude hervorzurufen, so wie es Tolly fertig gebracht hatte.

Zu diesem Zeitpunkt war ich in hervorragender körperlicher Verfassung. Ich war gerade erst von einem zehn Tage andauernden Programm aus Fasten, Beten, Reinigung und Bewegung auf Hawaii zurückgekehrt. Ich war dort viel barfuss gelaufen und meine Fußsohlen waren abgehärteter als sie es normalerweise waren. Ich war emotional absolut zufrieden, steckte voller tropischer-Strand-Energie, fühlte mich stark und sicher. Trotz all dieser positiven Gefühle war ich nicht in der Lage, mich den anderen Teilnehmern verbunden zu fühlen. Letztendlich fühlte ich mich wieder unter dem Druck, den Feuerlauf jetzt tun zu müssen. Ich wollte es hinter mich bringen.

Dieser Lauf war kürzer und auch kühler. Das Glutbett war 2,70 m lang, man konnte es mit drei Schritten überqueren. Doch obwohl die Glut wesentlich kühler war, verspürte ich doch die Hitze viel intensiver als zuvor und nahm den letzten Schritt bis zum sicheren Boden mit einem Sprung. Ich wusste, dass ich meine Füße verbrannt hatte – und das schmälerte jegliches Hochgefühl. Ich hatte mir tatsächlich einige Verbrennungen zweiten Grades an beiden Füßen zugezogen. Drei Wochen lang blieben sie entzündet, und ich konnte keinen Schritt laufen. Auch die meisten anderen, die in dieser Nacht liefen, trugen Verbrennungen davon.

Also entschied ich, dass dies mein letzter Feuerlauf gewesen sein sollte. Ich war enttäuscht und irgendwie peinlich berührt, dass ich anscheinend nicht in der Lage war, diese Kunst zu meistern. Ich wollte es gewiss nicht noch einmal versuchen, es sei denn, es gäbe Anlass zu glauben, dass es dieses Mal anders sein würde.

Als mich schließlich ein Freund zu einem weiteren Feuerlauf einlud, regte sich in mir eine Mischung aus Interesse, Aufregung und Angst. Diese Gefühle verstärkten sich noch, als er mir mitteilte, dass die Gruppe ein Glutbett von 14 m zurücklegen wollte.

Der Leiter dieses Feuerlaufs war ein Schüler von Tolly, der dann seinen eigenen Stil und seine eigenen Techniken entwickelt hatte. Der Feuerlauf sollte der Höhepunkt eines Führungstrainings werden. Als wir alle zum Feuer hinausgingen, war es bereits 1 Uhr morgens. Der Himmel zeigte sich frostig und sternklar.

Es gab drei Glutbetten – säuberlich nebeneinander zusammen geharkt und brennend heiß. Das verwendete Holz war vom Süßhülsenbaum, eine ziemlich heiß brennende Holzart. Der kurze Gang war 4 m lang. Die anderen beiden erstreckten sich über 14 m und schienen unendlich lang zu sein. Ich sagte mir zwar, dass ich ja nur zusehen wollte, doch bald schon fand ich mich zwischen all den anderen und übte das Atmen und die Geistesübungen, die man uns beigebracht hatte. Schließlich fand ich mich in der Schlange vor dem 14 m langen Glutbett. Ich sagte mir immer wieder, dass ich im letzten Moment ja immer noch aussteigen könnte, sollte ich mich auch dieses Mal nicht „anders" fühlen: denn ansonsten wäre es reiner Wahnsinn, es noch einmal zu versuchen.

Zu diesem Zeitpunkt befand ich mich in einer nicht allzu guten körperlichen und emotionalen Verfassung. Ich hatte eine andauernde Erkältung, die mir Hals- und Muskelschmerzen bereitete. Meine Füße waren empfindlich, denn sie waren schon lange nicht mehr ohne Schuhe gelaufen.

Ich fühlte mich deprimiert. Es schien mir unmöglich, diese verzehrenden Einflüsse zu überwinden.

Und dennoch fing mich der Gruppenzwang völlig ein. Ich fühlte mich, als sei ich auf einem Klassentreffen oder als nähme ich an einem alten Stammesritual teil. Eine Gruppe afrikanischer Trommler erzeugte ein schnelles Hintergrund-Tempo. Und diese riesigen Glutbetten strahlten unglaublich in die Nacht hinaus. Die Menschen johlten und versammelten sich um sie herum.

Ich war inzwischen ziemlich weit vorne in der Schlange. Als ich an die Reihe kam, verspürte ich eine vollkommen neue Empfindung: von meinen Händen ausgehend prickelte eine unglaubliche Energie an meinen Armen hinauf. Es fühlte sich wie lauter Nadeln an oder wie eine Art Strom. Zuerst glaubte ich, dies seien Auswirkungen einer Hyperventilation, denn ich hatte zuvor einige sehr tiefe Atemzüge genommen. Mein restlicher Körper fühlte sich allerdings ganz und gar nicht hyperventiliert an. Wenige Augenblicke später spitzten sich diese Gefühle noch zu und strömten durch meinen ganzen Körper. Das verstand ich als ein Zeichen für jenen anderen Zustand, auf den ich gewartet hatte. Und da wusste ich plötzlich, dass ich völlig unbeschadet über dieses 14 m lange Bett aus glühenden Kohlen laufen konnte.

Und ich habe es getan! Ich hatte nicht das geringste Gefühl von Hitze und zog mir nicht die geringste Verbrennung zu. Und ich war in keinster Weise davon überrascht. Die Kohlen fühlten sich einfach nur knisternd an. Als ich am anderen Ende angelangt war, nur kurze 14 m entfernt, war ich erst einmal für einige Sekunden lang ganz anderswo, bis ich schließlich in die Realität zurückfand und begriff, was ich gerade getan hatte. Ich hätte mich glatt herumdrehen und den ganzen Weg zurücklaufen können! Dessen war ich mir absolut sicher. Ich fühlte mich stark, gesund und unglaublich groß. Das war es, was ich gewollt hatte. Meine beiden vorangegangenen Erfahrungen haben diesen Erfolg sogar verstärkt.

Durch diese extreme Praktik habe ich mein Ziel, meine persönliche Stärke zu entwickeln, erreicht: ich habe ganz bewusst die Kontrolle über meine Aufmerksamkeit und meine Gedanken gehabt. Und die Erregung der ganzen Gruppen bestärkte mich darin, von mir selbst und der Situation nur das Beste zu erwarten.

Seither arbeite ich daran, dieses Gefühl der Macht und des Enthusiasmus zu erneuern. Ich übe es, indem ich barfuss über eine lange (31 m) Einfahrt voller knirschender Steine gehe. Wenn ich mich nicht vollkommen auf die Situation konzentriere, bringe ich nicht mehr zustande als einige zögerliche Schritte auf dieser Einfahrt. Nur dann, wenn ich meine Aufmerksamkeit auf diese Situation fokussiere und fest daran glaube, dass ich jedes Hindernis überwinden kann, bin ich in der Lage, mich in jenen Geisteszustand zu versetzen, in dem ich die gesamte Strecke zurücklegen kann, ohne meine Füße zu verletzen. Dieses Gefühl habe ich durch meinen letzten Feuerlauf erfahren dürfen. Es ist nicht ganz einfach, diese Empfindung ohne den Geist der Gruppe heraufzubeschwören, aber man kann es schaffen.

Die Praktiken, die in diesem Buch beschrieben werden, können Dir dabei helfen, diesen Zustand zu erreichen. Sie werden Dir dabei helfen, zu begreifen, wie mächtig Du wirklich bist. Das Buch wird Dir klar machen, dass alle Herausforderungen, die Dir Dein Leben stellt, auch nur bezwingbare, wenn auch manchmal ungewöhnliche Erfahrungen sind. Ob Du nun darüber liest oder die Übungen tatsächlich anwendest - in jedem Fall wirst Du Dich metaphorisch Deinen Ängsten stellen. Du wirst erkennen, wie leicht es ist, die eigenen Grenzen zu überschreiten und wie wohltuend es ist, sich seine eigene Realität zu erschaffen. Anstelle des Schmerzes wählst Du Kraft. Anstelle von Ärger wählst Du Vergebung. Anstelle von Verurteilung stellst Du Akzeptanz.

Dieses Buch soll den Weg bereiten in ein Leben, in dem für die spirituellen Dinge mehr Zeit ist. Ich kann Dir nur empfehlen, Dich Tollys Herausforderung einer extremen Spiritualität zu stellen: Du wirst das Beste aus Dir herausholen und aus jedem Hindernis, das Dir auf Deinen Weg gelegt ist, immer einen Nutzen ziehen können. Wenn Du Dich für diese Lebensart entscheidest, wird sich nicht nur Dein Geist verändern, sondern ebenso Dein Körper. Wenn Du erst einmal jenes Bewusstsein erreicht hast, wirst Du tatsächlich Einfluss darauf haben, wie Dein Körper auf Gefühle wie Gefahr, Spannung oder Stress reagiert.

Wenn das auch im ersten Moment unwahrscheinlich erscheinen mag, so steht doch eine extreme Spiritualität durchaus in engen Zusammenhang mit der Gesundheit und auch mit der Medizin. Durch sie werden die Grenzen der Medizin, wie sie heutzutage praktiziert wird, erst so richtig deutlich. Eine neue Art der Medizin, in welcher das Bewusst-Sein die größte Rolle spielt, macht nicht nur im Bezug auf Dein eigenes Empfinden von Gesundheit mehr Sinn, sondern lässt auch viel mehr Optionen offen für ein positives menschliches Verhalten. Diese Medizin wird Dich erkennen lassen, dass Du selbst aktiv mitbestimmst, auf welche Art und Weise Du (und Dein Körper) auf äußere Einflüsse reagieren, und dass Du diese keinesfalls als hilfloses Opfer stumm hinnehmen musst.

Der Feuerlauf und all die anderen Praktiken und Übungen in diesem Buch werden Dir zeigen, wie sich in einem ungewöhnlichen Bewusstseinszustand die Reaktion unseres Körpers auf gewöhnliche, schädliche äußere Einflüsse kontrollieren lässt. Was aber heißt das nun im Klartext? Ganz einfach: Wenn Du beim Laufen über glühend heiße Kohlen weder Schmerz fühlen, noch Hautrötungen oder Verbrennungen davontragen musst, warum solltest Du dann eine Infektion bekommen beim Kontakt mit Krankheitserregern, eine Allergie beim Kontakt mit Allergenen oder Krebs von Krebserregern? Was für ein riesiges unerforschtes Gebiet voller mächtiger neuer Methoden, um die natürliche Abwehr zu unterstützen oder zu stärken!

Und welch ein wunderbares neues Paradigma, wie man mit Leiden und Herausforderungen umgehen kann. Wenn Du erst einmal übers Feuer gelaufen bist, Deine Feinde lieben gelernt hast, gelernt hast, wie man Bretter mit den bloßen Händen zerschlägt – wenn Du all das gemeistert hast, dann hast Du die Kraft in Dir gefunden, mit deren Hilfe Du jedem Hindernis, das Dir in den Weg gestellt wird, beruhigt entgegentreten kannst.

Einleitung

Was ist extreme Spiritualität?

Zum Anfang Deiner Geistesreise solltest Du mit einer Übung beginnen: versuche, Dein Bewusst-Sein von Deiner Persönlichkeit und Deinen täglichen Aktivitäten zu trennen. Übe, Dich selbst zu beobachten: hier rede ich, hier lache ich, hier denke ich nach, da reagiere ich ärgerlich, dort erfahre ich Liebe. Mache Dein wahres Ich zum Zuschauer eines Filmes. Die Person, die in diesem Film die Hauptrolle spielt, ist Dein Ego. Die meisten Menschen identifizieren sich derartig mit ihrem Ego, dass es sich wie Sterben anfühlt, wenn man sich von ihm trennt... denn was da stirbt, ist eben das, was Du immer für Dich selbst gehalten hast.

Spirituelles Wachstum besteht darin, dass man allmählich von einer Identifizierung mit dem Ego-Selbst zu der Erkenntnis gelangt, was das Ego-Selbst von einem erwachten Bewusst-Sein unterscheidet. Die Ich-Generation der siebziger Jahre wurde als selbstbesessen verhöhnt, weil das Ego so unglaublich stark mit sich selbst beschäftigt war. Du solltest unbedingt darauf Acht geben, dass Dein kleineres Ich sich nicht immerzu einbildet, das größere Ich zu sein. Der Unterschied zwischen diesen beiden ist leicht zu erkennen: das kleinere Ich urteilt über sich selbst, während das größere Ich einfach nur beobachtet, ohne dabei zu werten. Es würde niemals sagen „Ups, jetzt hast du es wieder mal versaut, Du Depp!" Stattdessen schaut es einfach nur zu, was vor sich geht.

Wenn Du Dein Ego sterben lässt, mag das im ersten Moment einen lebensverneinenden Eindruck machen, doch das Gegenteil ist der Fall. Wenn Du aufgehört hast, zu re-agieren und stattdessen selbst Dein Leben bestimmst, bewusst Deine Wahl und Deine Entscheidungen triffst, dann wirst Du eine ganze Menge mehr Freude haben. Es ist eine Wonne, zu beobachten, wie sich Dein Leben entfaltet – es ist, als würdest Du einen guten Roman lesen, Seite für Seite; oder als würdest Du einen Film ansehen, so wie Eltern, die sich Videoaufnahmen ihrer Kinder ansehen, wie sie wachsen, sich verändern.

Dieser Wille zu sterben ist ein begehrter Bewusstseinszustand. Die hinduistischen *Upanishad* betrachten diesen Ego-Tod als ein Stadium, in dem man schließlich das Zeitlose in sich selbst begreifen kann. Und *das* stirbt niemals. Der Buddhismus, der Taoismus und andere östliche Religionen, die von zwei Dritteln der Weltbevölkerung gelebt werden, beinhalten den Glauben, dass das, was wir wirklich sind, die geistige Essenz, niemals sterben kann. Doch diese Erkenntnis wird Dich erst dann heimsuchen, wenn Du bereit bist, Dein Ego-Selbst sterben zu lassen. Dann erst begreifst Du die Ewigkeit Deines wahren Selbst.

In einem Heiligtum auf Sri Lanka muss man eine Kokosnuss auf einem großen Stein zerschlagen, der neben dem Eingang des Tempels steht. Erst dann wird einem der Zutritt erlaubt. Die Kokosnuss steht dabei für den eigenen Kopf. Das Ritual symbolisiert damit die Bereitschaft, für Gott zu sterben. Es ist eine grundlegende spirituelle Erfahrung, sein wahres Selbst als etwas zu betrachten, das vom Ego und vom Körper getrennt ist.

Diese metaphorische Überwindung des Egos, dieses Akzeptieren des Todes an jenem Tempeleingang, scheint fast wie eine Opfergabe. Aber es ist einfach nur ein Zurücklassen von Kleinheit, Geringfügigkeit und Mondänem, um zur Seligkeit zu gelangen. Der Orgasmus wird oftmals als *Petit Mort* oder kleiner Tod bezeichnet, weil in ihm ein Augenblick der totalen Glückseligkeit steckt, nämlich dann, wenn es keinen mehr gibt, der erlebt, kein Ego mehr – nur noch pures Sein. Und wenn er auch nur flüchtig ist, so verleiht einem dieser „Tod" so viel Energie, dass sie in keinem Verhältnis mehr steht zu der körperlichen Anstrengung, die es gekostet hat, um diesen Orgasmus zu erleben. In einer Form investiert man Energie, und in einer anderen Gestalt kehrt diese Energie vielfach zu einem zurück.

Den Dschungel hinter sich lassen

Ursprünglich diente das Ego dem Menschen als Teil seines Jagd- und Fluchtmechanismus, der unsere Art auszeichnet. Es war der Antrieb zur Selbsterhaltung. Doch dieser Dschungelmechanismus ist längst keine produktive Überlebenstechnik mehr. Die physische Selbsterhaltung ist für die meisten von uns, die in entwickelten Ländern leben, kein Thema mehr.

Jetzt ist es an der Zeit, Wege zu finden, auf denen wir zusammen arbeiten können, wenn unsere Art weiterhin überleben soll. Wir müssen lernen, das Ego dazu zu benutzen, über sich selbst hinauszugehen und das Leben aus der Sicht eines höheren Bewusstseins zu betrachten. Den meisten von uns fällt es sicherlich schwer, sich vorzustellen, dass man die Realität auch anders erleben kann, als wir es bislang getan haben. Wir bringen es kaum fertig, uns von dem bekannten und vertrauten Universum, das wir für das einzige Universum halten, zu befreien.

Und um die Sache noch komplizierter zu machen, jedes einzelne Ego erschafft für jede Person ein anderes Universum. Deshalb können wir niemals wissen, wie die Realität eines anderen Menschen aussieht. Das Universum Deines Nachbarn oder sogar das Deines Partners kann ein vollkommen anderes sein als jenes, das Du an jedem Tag Deines Lebens wahrnimmst. Kein Wunder also, dass in unserer Gesellschaft so viel Einsamkeit und Angst existiert. Weil wir uns die Realität der anderen nicht vorstellen können, fühlen wir uns von ihnen abgeschnitten, isoliert und allein.

Aus diesen Gründen ist es nun an der Zeit, zu einer neuen Spiritualität zu finden, zu einer extremen Spiritualität. In ihrem Mittelpunkt steht die Trennung vom Ego, sei es durch eine Nahtod-Erfahrung, durch ein mystisches Erlebnis, durch Gnade, einen Schock oder durch eine der Praktiken aus diesem Buch.

Evolution verlangt nach Anpassung

Wir als menschliche Wesen sind nicht dafür geschaffen, in Erstarrung zu verharren. Tatsächlich ist das einzige, was immer gleich bleibt, die Gewissheit, dass alles stets im Wandel ist. Unsere Zellen sterben und regenerieren sich unentwegt, wodurch sich unser physischer Körper immerzu verändert. Alle sieben Jahre entwickeln wir uns in einer neuen Wachstumsphase, wodurch wir uns emotional verändern. Denk einmal zurück, wie es war, als Du sieben Jahre alt warst, dann mit vierzehn Jahren, mit einundzwanzig, achtundzwanzig, fünfunddreißig. Warst Du nicht in diesen jeweils sieben Jahren eine vollkommen andere Person? Stellten sich Dir nicht in jedem dieser Alter andere Herausforderungen entgegen, als es sieben Jahre früher der Fall war? Die Veränderung ist gewiss. Menschen mit einer persönlichen Stärke können kontrollieren, wie sie sich verändern und treffen selbst die Wahl, wie sie aus der Veränderung hervorgehen wollen. Ohne diese persönliche Stärke aber wirst Du niemals das Gefühl haben, Dein

Leben unter Kontrolle zu haben. Dann fühlst Du Dich oftmals wie ein Opfer des Wandels.

Ob man in der Lage ist, eine persönliche Stärke zu entwickeln, ist nicht genetisch verankert. Es ist eine Fähigkeit. Und es wird Dich überraschen, wie einfach sie zu erlernen ist. Einfach heißt dabei allerdings nicht *leicht*. Es ist nicht leicht, Fahrradfahren zu lernen. Aber es ist auch nicht so schwer. Und wenn man es erst einmal geschafft hat, verlernt man es sein Leben lang nicht mehr. Mit der persönlichen Stärke ist es dasselbe.

Spirituelles Wachstum als Extremsport

Dieses Buch kann Dir dabei helfen, an einen Ort zu gelangen, den Buddha „das Ende des Leidens" nannte. Er ist auch als Erleuchtung oder Nirwana bekannt. Ende des Leidens bedeutet, dass Du nicht mehr emotional auf eine Situation reagierst, wie zum Beispiel mit Ärger, Hass, Eifersucht, Depression oder irgendeinem anderen negativem Gefühl. Sich in diesem Zustand zu befinden, heißt SPIRITUALITÄT EXTREM in Großbuchstaben! Und das wird Dir dabei helfen, Deine persönliche Stärke zu finden oder zu kräftigen.

Zu dieser Erleuchtung kann man auf verschiedenen Wegen gelangen. Spiritualität Extrem kann Dir auf Deiner Suche helfen, indem es Dir zeigt, in jeder Situation einen spirituellen Standpunkt zu entdecken, der Dir dazu verhilft, Dein Glück und Deine Balance zu bewahren. Wenn Du gelernt hast, nicht mehr zu re-agieren, sondern Dir Deine Realität selbst auszusuchen, wirst Du auch einen spirituellen Standpunkt in Situationen entdecken können, unter denen Du früher einmal gelitten hast. Dann hast Du Deine Kraft gefunden. Selbst wenn eine Katastrophe über Dich hereinbricht, wirst Du nicht mehr mit negativen Gefühlen reagieren, sondern das Ganze als Teil eines größeren Bildes betrachten. Und in diesem Bild ist das Universum perfekt und alles darin ist ein Aspekt der göttlichen Ordnung. Dann kannst Du wahrhaftig das Universum, in dem Du lebst, neu erschaffen. Du hast die Macht dazu!

Als extreme Spiritualität kannst Du jede Situation bezeichnen, in der Dir klar wird, auf welche Weise Dein Ego Dein Wissen um eine größere Wirklichkeit verschleiert, begrenzt, verzerrt oder verkleinert und Dich damit davon abhält, zu Deiner persönliche Stärke zu finden. Dazu gehört jede Praktik, die Dir ermöglicht, Liebe, Weisheit und Mitleid zu erfahren, Dir die Aspekte Deiner eigenen göttlichen Natur offenbart und Dich ganz klar den Unterschied zwischen der Funktion Deines Egos und Deines höheren Selbst erkennen lässt.

In diesem Buch werden Übungen und Praktiken beschrieben, mit denen ich Menschen dazu verholfen habe, in einem wachen Bewusst-Sein zu leben. Wenn es Dir hilft, über diese spirituellen Praktiken zu lesen, wunderbar! Vielleicht willst Du einige davon selbst ausprobieren. Alles, was Dich dabei unterstützt, in den Zustand des Nicht-Re-Agierens zu gelangen, wird Dir dabei helfen, Deine eigene Wirklichkeit zu erschaffen. Eine Wirklichkeit, in der es kein Leiden mehr gibt. Es ist, ganz einfach gesagt, das Ende des Leidens.

Ich möchte mit einer Parabel schließen:

Im mittelalterlichen Japan behauptete ein Jüngling, er sehne sich nach nichts so sehr, wie nach Gott. Also machte er sich auf den Weg zu einem Zen-Meister, um ihn um Führung zu bitten. Da führte der Meister den Jungen zu einem Wasserbecken und drückte plötzlich dessen Kopf unter Wasser. Als der Jüngling schließlich das Bewusstsein verlor, zog der Meister seinen Kopf wieder aus dem Wasser heraus und legte seinen schlaffen Körper auf die Erde. Als der Junge wieder zu sich kam, sprach der Meister: „Wenn du Gott so sehr willst, wie eben deine Atemluft, dann wirst du Gott haben!"

Willst Du Gott *so* sehr? Willst Du die Kraft haben, um Dir Deine eigene Wirklichkeit zu schaffen und das Leben zu leben, das Du verdienst? In diesem neuen Jahrtausend ist es endlich an der Zeit, Deine wahren Möglichkeiten zu erkennen. Es ist der logische nächste Schritt für das Geschlecht der Menschen. Inneres Wachstum ist die neue Herausforderung. Das ist extreme Spiritualität.

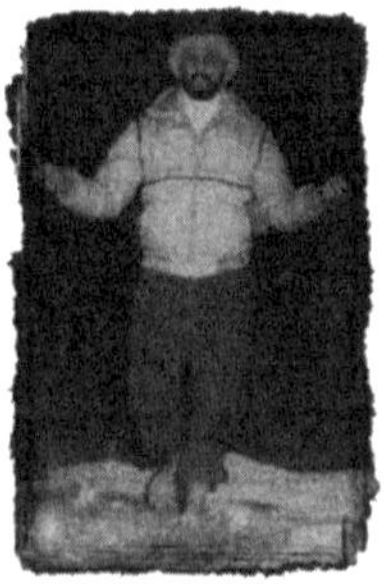

Der Feuerlauf

Wachsam bleiben, das Beste erwarten, und dann los!

Ich bat um Stärke,
und Gott schickte mir Schwierigkeiten,
die mich stärken sollten.
Ich bat um Weisheit,
und Gott stellte mich vor viele Herausforderungen.

- Anonym -

Der Feuerlauf als Mittel zum Wachstum

Bis zum Jahre 1492 waren die Menschen der Überzeugung, dass die Erde flach sei. Wenn einer zu weit hinaus segelte, würde er an ihrem Rand herunter fallen. Christopher Columbus wollte diese Überzeugung auflösen, und durch seine unmittelbare Erfahrung konnte er feststellen, dass die Erde tatsächlich nicht flach war. Als er von seinen Reisen zurückkehrte, verschwand diese alte Überzeugung auf immer.

Den größten Teil meines Lebens war ich der Ansicht, dass ich mir die Füße verbrennen würde, wenn ich über einen Teppich aus glühenden Kohlen von 650°C laufen würde. Nachdem ich allerdings das erste Mal über das Feuer gegangen war, konnte ich zu meinem alten Glauben nie wieder zurückkehren. Aufgrund meiner unmittelbaren Erfahrung war dieser Glaube auf immer aus meinem Leben verschwunden.

Solche Glaubensmuster sind vorgefasste Gedanken, durch welche wir unsere alltägliche Wirklichkeit filtern. Damit erlauben wir ihnen, das Bild unserer Wirklichkeit zu bestimmen. Und damit wird das, was wir vom Leben glauben, zu unserer tatsächlichen Erfahrung von Leben. Der Glaube ist die Software für diesen Bio-Computer, den wir Gehirn nennen. Das Glaubenssystem des Gehirns nennt man Retikuläres Aktivierungssystem (RAS). Von ihm werden unsere Reaktionen auf alle möglichen Situationen geregelt. Unser RAS entsteht durch den Einfluss unserer Religionen, unserer Lehrer, unserer Eltern und Partner. Noch ehe wir fünf Jahre alt sind, ist es so weit entwickelt, dass der Mensch, zu dem wir einmal werden sollen, bereits vorprogrammiert ist. Anatomisch gesehen ist das RAS ein Netzwerk aus Nerven, die vom Stammhirn ausgehend im ganzen Körper verlaufen. Das RAS gehört zu den wichtigsten Systemen unseres Gehirns, denn es bestimmt darüber, was nun eigentlich in unser Bewusstsein gelangt. Es übernimmt sozusagen die Rolle des Wächters am Schlosstor. Dieser Wächter hält unwichtige, störende Eindringlinge vom König fern. Auf dieselbe Weise hält das RAS, je nachdem, wie es programmiert ist, die meisten Eindrücke, die auf Deine Sinne einstürmen, davon ab, in Dein Bewusstsein vorzudringen. Viele Psychologen bezeichnen diese Aktivitäten des RAS mit dem Begriff *Ego*. Das spiegelt sich in Sätzen wider wie: „Du wirst nur das hören, was Dein Ego Dich hören lassen will." Ein eingrenzendes Glaubenssystem bedeutet jedoch auch eine eingegrenzte Lebenserfahrung.

Natürlich kann man Glaubensvorstellungen und Gedanken nicht einfach aus einem Körper nehmen und untersuchen, wie man es mit Organen tun kann. Doch so unberührbar der Geist auch sein mag, so hat er doch eine physische Realität. In Büchern wie diesem hier werden Glaubensvorstellungen, Gedanken und Entscheidungen nämlich durchaus greifbar. Wenn Du Dir einen Gruselfilm ansiehst, kommst Du vielleicht richtig ins Schwitzen – obwohl doch eigentlich rein körperlich gar nichts geschehen ist. Wenn Dir sexuelle Phantasien durch den Kopf gehen, beschleunigt sich Dein Herzschlag, Du beginnst zu schwitzen, der Blutdruck und Deine Körpertemperatur steigen an. Deine Gedanken, Dein RAS kreieren Empfindungen und Wahrnehmungen.

Der Geist, so unsichtbar er auch ist, beeinflusst das Gehirn und verändert seine Elektrochemie. Diese elektrochemische Veränderung wird dann durch unzählige Nervenstränge in den Körper weitergeleitet, welcher sich daraufhin seiner ihm eigenen elektrochemischen Veränderung unterzieht. Wenn wir uns klar machen, dass jede einzelne Zelle unseres Körpers mit einem Nerv verbunden ist und jeder Nerv mit dem Gehirn, und dass das Gehirn vom Geist beeinflusst wird, dann ist es nicht mehr allzu schwer zu begreifen, wie wir uns selbst durch unsere Glaubenssvorstellungen und Gedanken unsere eigene Wirklichkeit erschaffen.

Wenn Du eine Entscheidung triffst, dann programmierst Du Deinen Biocomputer – und das wortwörtlich! Wenn Du also eine bedeutsame Veränderung in Deinem Leben hervorrufen willst, solltest Du einen Blick auf die Entscheidungen werfen, die Du bislang getroffen hast. Wenn Du feststellst, dass diese Deine Wahrnehmung begrenzen, solltest Du sie überdenken und eventuell neu entscheiden. Mit anderen Worten: Du musst Dich neu darauf programmieren, wie Du das Leben wahrnehmen willst. Hundert Jahre bevor die Körper-Geist-Verbindung populär wurde, hat Mark Twain bereits beobachtet: „Die meisten Menschen sind nur so glücklich, wie sie ihrem Geist auftragen zu sein."

Die Angst überwinden

Im Grunde genommen ist es nichts Anderes als das, worum es beim Feuerlauf geht. Das Feuer steht sinnbildlich für all die Herausforderungen im Leben, vor denen wir für gewöhnlich zurückweichen. Wenn man während eines Feuerlaufs lernt, wie man unbeschadet über einen glühenden Kohlenteppich gehen kann, lernt man gleichzeitig, wie man seine Angst besiegt. Wir erkennen, dass die Angst ein Glaube ist. Tatsächlich ist sie aber ein Hindernis, das sich zwischen uns und unserem Ziel breit macht. Sobald wir unseren Fuß auf die glühenden Kohlen setzen, durchbrechen wir die Membran der Angst. Dadurch lernen wir, wie wir die Angst zu unserem Diener machen, anstatt zu unserem Meister.

Das Feuer hat die Aufgabe, Angst hervorzurufen. Entscheidend ist dann, die Angst nicht zu verleugnen, sondern ihr so nah zu kommen, wie nur irgend möglich, sie als etwas zu begreifen, was einen daran hindert, sein Ziel zu erreichen. Anstatt über unsere Ängste und Probleme zu heulen, anderen die Schuld daran zu geben, sich zu entschuldigen, in Verneinung zu flüchten oder immerfort von ihnen zu reden, werden wir durch eine extreme Spiritualität dazu gezwungen, uns eindringlich mit dem zu beschäftigen, was in unserem Leben negativ ist. Durch diese wache Aufmerksamkeit wirst Du die Einblicke erhalten, die nötig sind, um Dich davon zu befreien.

Sei wachsam!

Das Erste, was ich meinen Feuerlauf-Seminarteilnehmern beibringe, ist eine neue Art der Wachsamkeit. Denn die Kohlen sind schließlich wirklich heiß, und zwar sehr, sehr heiß! Setzt man den ersten Schritt auf diesen glühenden Teppich und achtet dabei darauf, was einem im Kopf herum geht, dann könnte man vielleicht eine Stimme kreischen hören: „Mein Gott, Deine Füße werden bis auf die Knochen verbrennen!“ Um in diesem Moment eine Panik zu vermeiden, muss man auf seine Füße achten, nicht auf seinen Kopf. Die Füße sagen etwas ganz anderes: „Es ist zwar heiß, aber es wird nichts verletzt. Es fühlt sich an, als liefen wir im Sommer über eine heiße Straße.“ Denk einmal darüber nach, was Du aus dieser Geschichte lernen kannst:

Ein Mönch wurde von einem Tiger gejagt. Um ihm zu entkommen, hielt er sich lange Zeit an einer Liane über einer Klippe fest. Doch unter ihm näherte sich ein weiterer Tiger. Als er so zwischen dem zweifachen Tod fest hing, begannen ein paar Mäuse, die Liane durchzunagen, an der sich der Mönch festhielt.

In diesem Moment entdeckte der Mönch eine wilde Erdbeerpflanze, die am Rande der Klippe wuchs. Er pflückte eine Erdbeere und steckte sie sich in den Mund. Als die Liane schließlich zerriss und ihn seinem Tod entgegen trug, da galt seine Aufmerksamkeit zu hundert Prozent dem Geschmack und der Süße der Erdbeere in seinem Mund. Indem er sich ausschließlich auf die Erdbeere konzentrierte, vermied er, dass seine Aufmerksamkeit sich den Fängen und Pranken zuwandte, die sich nun in seinen Körper schlugen. Ja, er musste sterben; aber gelitten hat er nicht.

Das Leben konfrontiert uns ständig mit Tigern. Und wir müssen lernen, wie man die Erdbeeren findet.

Stell Dir einmal vor, Du sitzt in einem vollkommen verrauchten Restaurant. Du könntest Dich nun selbst um den Genuss Deines Essens bringen, wenn Du Dich über die schlechte Luft aufregst. Der Rauch ist hier der Tiger. Such lieber eine Erdbeere. Vielleicht siehst Du ja gerade draußen die Sonne ganz atemberaubend untergehen. Konzentriere Dich also auf den Sonnenuntergang anstatt auf den Rauch, dann wandelt sich Dein Empfinden von Ärger zu Freude. Denn in Wirklichkeit bist nur Du selbst das, was Dir Ärger bereitet, und Du bist auch das, was in Dir Freude aufkommen lässt. Es kommt nur darauf an, wie Du Dein Bewusstsein lenkst.

Achte darauf, was Du mit Deinem Geist tust, und Du wirst schnell erkennen, wie Du Dir selbst Deine Wirklichkeit erschaffst – wie Du selbst Deine Lebenserfahrungen beeinflusst. Einige Menschen, die das Bewusst-Sein lehren, sind der Ansicht, dass die größte und wichtigste Herausforderung die Festigung eines wachen Bewusstseins ist. Dieses eine Mittel kann die Wahrnehmung eines Menschen von seiner eigenen Lebendigkeit dramatisch verändern. Es macht den Unterschied zwischen einem wundervollen und einem elenden Leben. Deine Wahrnehmung vom Leben hängt einzig davon ab, worauf Du Deine Aufmerksamkeit richtest. Du kannst Dich entscheiden, ob Du ein Leben voller Erdbeeren führen willst oder ob Du es vorziehst, ewig in der Falle des Tigers sitzen zu bleiben.

Wie oft sitzt Du eigentlich am Tisch und liest oder siehst fern, ohne den Geschmack Deines Essens überhaupt wahrzunehmen? Wie oft redest Du mit Deinen Kindern oder Deinen Freunden, während Du im Hinterkopf schon Deine Checkliste für den nächsten Tag schreibst oder Dich um irgendwelche Rechnungen sorgst? Wir alle machen uns irgendwo einer solchen Unaufmerksamkeit schuldig. In unserer Kultur gibt es dafür sogar eine Bezeichnung: Multitasking. Leider aber ist Multitasking das genaue Gegenteil von wirklicher Aufmerksamkeit. Nur dann, wenn Du Dich nicht ablenken lässt, kannst Du die Herrlichkeit des Essens in Deinem Mund oder die Gesellschaft von anderen vollständig auskosten.

Diese bewusste Aufmerksamkeit ist kein normaler Geisteszustand. Wenn sie Dir helfen soll, persönliche Macht aufzubauen, musst Du dem jeweiligen Gegenstand Deiner Aufmerksamkeit auch wirklich hundert Prozent derselben zukommen lassen. Wenn Du das tust, wird sich Dein Leben verändern. Wenn Du Dich hundertprozentig auf den Duft einer Blume konzentrierst, wirst Du *selbst* zum Duft dieser Blume. Wenn Du Deinem Abendessen hundert Prozent Deiner Aufmerksamkeit schenkst, dann wirst Du selbst zum Geschmack der köstlichen Speisen in Deinem Mund. Seit Jahrhunderten verwenden tantrische Buddhisten diese Technik beim Geschlechtsakt, um die Ekstase des Höhepunktes noch zu verstärken.

Aufmerksamkeit entscheidet zwischen Leben oder Tod

Um Dir den Unterschied zwischen hundertprozentiger Aufmerksamkeit und unserer alltäglichen Lebensweise zu verdeutlichen, will ich Dir eine Geschichte erzählen:

Zu einer Zeit, die nun längst vergangen, strömten Menschen aus allen Teilen der Welt zu einem weisen Mann, um von ihm Rat zu erbitten. Nun war jedoch der Sohn jenes weisen Mannes ein junger Geselle, dessen unmögliche und störende Art in einem fort den Missmut in der Gemeinschaft schürte.

Schließlich schickte der weise Mann, frustriert vom eigenen Unvermögen, den Jungen zu erreichen, diesen zum König hin. Und so erschien der Junge nun vor dem Monarchen mit der Nachricht seines Vaters, der König möge ihn lehren, wo er selbst gefehlt.

Der König dachte darob lange Zeit nach, denn er selbst reiste oftmals zu jenem Weisen, mit ihm zu beratschlagen und ihn um Rat zu bitten. Wie konnte er da hoffen, dem Jungen etwas beizubringen, woran selbst dessen Vater gescheitert war? Doch da traf den König plötzlich eine Erleuchtung. Er blickte sich in seiner riesigen Halle um und musterte die Bauchtänzerinnen, den großen Berg von exotischen Speisen und all seine Musiker. Nach kurzem Nachdenken schnippte der König mit den Fingern und rief zwei große, kräftige Krieger heran.

Der König befahl den beiden Kriegern, an den Seiten des Jungen Wache zu stehen. Dann setzte er ihm ein Gefäß mit Wasser auf den Kopf. Es war bis an den Rand gefüllt. „Zieht eure Schwerter", befahl der Herrscher, „Wenn der Junge auch nur einen Tropfen Wasser verschüttet, dann werdet ihr ihn auf der Stelle köpfen. Lasst ihm keine Zeit, mit dem Auge zu zwinkern oder ein Wort zu sagen. Jetzt bringt ihn in den Zirkus!"

Also gingen die Wachen mit dem Jungen in den Zirkus. Jongleure und Clowns liefen zwischen Menschenmassen auf und ab, kleine Kinder liefen in alle Richtungen umher, Kaufleute und Gewürzhändler boten ihre Waren feil. Tiere brüllten, Musiker, Tänzer und Akrobaten schwirrten umher.

Glaubst Du, der Junge hat auch nur irgendetwas davon mitbekommen?

Natürlich nicht! Alles, worauf er achtete, war das Wassergefäß auf seinem Kopf. Und so lernte er, aufmerksam zu sein!

Wie oft bist Du so aufmerksam? Denn es ist genau diese Fähigkeit, die Dein Leben verändern kann. In der Geschichte um den Mönch, die Tiger und die Erdbeere haben wir gelernt, dass die Erfahrungen, die wir machen davon abhängen, worauf wir unsere Aufmerksamkeit richten. Wenn Du durch einen Park läufst und Dich auf den umher liegenden Abfall konzentrierst, in Dich hinein murmelst, wie furchtbar es doch ist, dass all dieser Müll herumliegt, dann wirst Du vermutlich keinen sehr angenehmen Spaziergang machen. Wenn Du stattdessen Deine Aufmerksamkeit den Blumen schenkst, wirst Du Dir am Ende, auch wenn Du den Müll oberflächlich durchaus bemerkt hast, eine vollkommen andere Erfahrung geschaffen haben.

Und überhaupt: wenn Du Dich schon mit dem Müll, anstatt mit den Blumen beschäftigst, dann könntest Du ihn wenigstens aufheben! Ein Mensch von höherem Bewusstsein weiß, den Müll dort herumliegen zu sehen und ihn nicht aufzuheben, ist genau dasselbe, als hätte man ihn selbst dorthin gelegt.

Der Mensch besteht nicht aus Genen allein

Im April 1996 stellte das *Life* Magazin ein siamesisches Zwillingspaar vor, Abigail und Brittany. Diese Mädchen teilen ein und dasselbe genetische Material. Ihre Gehirne sind genetisch gesehen vollkommen gleich. Weil sie ununterbrochen zusammen sind, befinden sich beide Mädchen auch immer gleichzeitig am selben Ort und sind denselben Reizen ausgesetzt. Sie werden völlig gleich erzogen und ausgebildet. Man könnte also durchaus meinen, sie hätten somit auch identische Temperamente, Weltanschauungen und Ansichten. Doch nein, sie sind zwei absolut unterschiedliche Persönlichkeiten!

Das sind sie deshalb, weil sie sich manchmal dazu entschließen, unterschiedlichen Dingen ihre Aufmerksamkeit zu schenken, wodurch bei jeder eine eigenständige Erinnerung entsteht. Folglich haben sie später ein völlig unterschiedliches Empfinden davon, was in ihrem Leben wichtig ist. So kann zum Beispiel das eine Mädchen ferngesehen haben, während das andere aus dem Fenster sah und einen Vogel bei seinem Nestbau beobachtete. Deshalb wird die Art und Weise, wie sie ihr Leben wahrnehmen, ihre Erfahrung des Lebens, und auch die Menschen, die sie einmal werden, immer vollkommen unterschiedlich voneinander sein, jedenfalls was ihren Intellekt und ihre Persönlichkeiten anbelangt. Und so ist es mit jedem von uns. Unsere Aufmerksamkeit und worauf wir sie richten, spielt eine wichtige Rolle bei der Entscheidung, wer wir einmal sein und was wir tun wollen.

Als ersten Schritt auf Deinem Weg zur persönlichen Stärke solltest Du als erstes beobachten, worauf Du Deine Aufmerksamkeit richtest. Versuche ganz bewusst, Deine Aufmerksamkeit zu kontrollieren. Beobachte den Verlauf Deiner Gedanken, als wären sie Quoten auf einer Börsentafel. Achte auf den Zusammenhang zwischen Deinen Gedanken und Deinen Gefühlen, und an welchen Stellen Deines Körpers Du den Stress verstaust.

Wenn Du diese Fähigkeit, ungeteilte Aufmerksamkeit auf etwas zu richten, erst einmal geschult hast, dann wirst Du Dir selbst zum besten Lehrer. Plötzlich werden sich Dir Lektionen und Möglichkeiten auftun, wo Du sie niemals vermutet hättest. Du wirst in der Lage sein, aus Situationen zu lernen, die Du zuvor nicht einmal bemerkt hast. Wenn Du wachsam bist, lernst Du nicht nur mehr über Dich selbst, Du wirst auch mehr über die Menschen in Deinem Leben erfahren und über diese Welt, in der Du lebst.

Wenn Du auf Deine Gedanken achtest, wirst Du vor allen Dingen eines feststellen: dass Du Dir die meisten Probleme in Deinem Leben selbst geschaffen hast. Du wirst sehen, dass Du selbst – und nicht die anderen – Dir verpasste Möglichkeiten erschaffen hast und wie Du Dich selbst von Menschen abgesondert hast, die Dir eine Hilfe hätten sein können. Ein Beispiel: ein Freund schloss einmal seine Schlüssel im Auto ein. In dem Moment, als er die Tür schloss, so erinnert er sich später, sagte ihm eine leise Stimme aus seinem Inneren, dass seine Schlüssel noch im Zündschloss steckten. Das ist zwar ein sehr simples Beispiel, aber es macht deutlich, dass es eine Menge Probleme ersparen kann, wenn man auf die eigenen Gedanken mehr Acht gibt, denn diese Probleme entstehen aus reiner Unaufmerksamkeit.

Erwarte das Beste

Als zweite Lektion auf einem Feuerlauf-Seminar lernt man, das Beste zu erwarten. Wenn wir positive Gedanken haben, regen wir im Gehirn die Produktion von bestimmten Chemikalien an, die in uns ein freudiges Gefühl erzeugen. Ebenso erzeugen negative Gedanken eine andere Art von Stoffen, die dementsprechend unbehagliche Gefühle auslösen. Deshalb leben positiv denkende Menschen wahrhaftig in einer anderen chemischen Umgebung, als negativ Denkende. Allein diese chemische Differenz verursacht einen gewaltigen Unterschied auf die Auswirkungen von Stress auf das Immunsystem. Positives Denken kann der Schlüssel zu einer unerschütterlichen Gesundheit sein und auch die Fähigkeit verleihen, sich von einer Verletzung oder Infektion schnell zu erholen.

Es ist absolut unmöglich, mit vollen einhundert Prozent Deiner Energie nur das Beste zu erwarten, wenn Dein Kopf voller pessimistischer Gedanken und Sorgen ist. Und neben diesen Gedanken verschwendest Du vielleicht noch einen weiteren Teil Deiner Energie darauf, diese Gedanken auch noch zu unterdrücken. Wie aber soll man das nun ändern? Wir alle haben unsere Sorgen. Wir alle haben negative Gedanken. Wir müssen sie gar nicht eliminieren. Vielmehr sollten wir ihnen dankbar sein, uns ihnen zuwenden und uns sogar in ihnen suhlen – für einen Augenblick! Ja, ehe wir das Beste erwarten können, müssen wir uns zuerst einmal auf das Schlimmste vorbereiten. Diese Technik wird von Führungspersonen benutzt, von Athleten und sogar von den Astronauten im NASA Raumfahrtprogramm.

Also frage Dich in jeder Situation „Was kann im schlimmsten Falle passieren?“ Gehe nun Deine Liste der schlimmsten Fälle durch. Frage Dich bei jedem einzelnen, ob Du das so akzeptieren könntest. Ehe ich zum ersten Mal über einen glühenden Kohlenteppich lief, rechnete ich die Möglichkeit mit ein, dass ich mich verbrennen könnte. Ich akzeptierte diese Möglichkeit und überlegte, wie ich damit dann umgehen würde. Dann legte ich diesen Gedanken beiseite und lief über das Feuer – ich erwartete das Beste. In jenem Moment, da ich meinen Fuß auf die glühenden Kohlen setzte, war mein Kopf vollkommen mit positiven Gedanken gefüllt.

Bevor Du Dich einer wichtigen Aufgabe oder einer Herausforderung stellst, gehe zuerst folgende Übung durch: Lass Dir jede negative Folge Deines Handelns durch den Kopf gehen, und bereite Dich emotional auf alle Eventualitäten vor. Wenn Du weißt, wie Du mit jedem Fall umgehen wirst, lege den Gedanken daran beiseite. Wenn dann keine negativen Gedanken mehr übrig sind, konzentriere Dich zu hundert Prozent auf den positiven Fall und *erwarte das Beste!* Sieh Dich vor Deinem inneren Auge, wie Du die Sache erfolgreich abschließt! Sieh Dich gewinnen! Empfinde das Hochgefühl des Sieges, noch ehe Du Dich der Aufgabe stellst. Wenn Du auf das Schlimmste vorbereitet bist, aber nur das Beste erwartest, sind Deine Grundlagen geschaffen. Jetzt kannst Du all Deine Aufmerksamkeit vollends auf Deine Aufgabe richten.

Sportpsychologen kennen die Bedeutsamkeit dieser Strategie. Vor einem sportlichen Ereignis, während dessen eine bestimmte Herausforderung besteht, ist der Athlet darauf trainiert, niemals zu denken „Oh nein!“ Das wäre eine Panikreaktion. Sie bereitet auf Kampf oder Flucht vor. Es ist ein Mechanismus, der sich in jedem Tier findet, und er dient zum Überleben im Dschungel. Aber wir leben schon längst nicht mehr im Dschungel. Flucht ist auf dem Spielfeld nicht gestattet! Deshalb ermutigen Sportpsychologen ihre Athleten dazu, anstelle von „Oh nein“ zu denken „Oh ja! Ja! Das ist die Möglichkeit, für die ich so lange trainiert habe! Auf genau diese Herausforderung habe ich mich vorbereitet! Ja! Dies ist das Hindernis, das ich überwinden werde!“

Es gibt einige wenige Regeln, zu denen keine Ausnahme existiert. Eine davon ist, das Beste zu erwarten. Ohne Ausnahme. Wenn Du das Beste erwartest, bereite Dich darauf vor, die bestmöglichen Ergebnisse zu bringen.

Stell Dir zum Beispiel vor, Du willst Dir einen Film ansehen und stehst an der Kinokasse in einer langen Schlange. Diesen Film wollen nun aber noch viele andere sehen, denn es ist ein guter Film, und die Schlange ist meterlang. Wenn Du Dich nun anstellst, könntest Du vielleicht denken: „Mist, da komme ich niemals rein. Ich hätte eher losgehen sollen. Wie dumm von mir, erst jetzt herzukommen. Ich bekomme bestimmt keinen Platz mehr.“ Du denkst also diese negativen Gedanken und verursachst damit Angst und Stress. Wenn Du dann endlich an der Kasse angekommen bist, bekommst Du Dein Ticket und der Kassierer wünscht Dir gute Unterhaltung. Jetzt hast Du Dich ganz umsonst in so eine stressige Situation gebracht.

Macht es denn nicht viel mehr Sinn, sich in die Reihe zu stellen und nur Positives zu denken? „Ich komme ganz bestimmt noch rein. Ich freue mich schon auf meinen großen Eimer Popcorn. Morgen werde ich meinen Freunden von diesem tollen Film erzählen.“ Du kommst womöglich an der Kasse an und hörst vom Kassierer: „Tut mir leid, alles ausverkauft. Keine Plätze mehr frei.“ Wirst Du dann sagen: „So ein Mist, und ich habe 20 Minuten damit verschwendet, mich gut zu fühlen“?

Positives Denken wirkt sich auf Deine Gesundheit aus, auf Deine Beziehungen und auf jeden anderen Aspekt Deines Lebens. Denke daran, dass Du lernen kannst, Dinge zu tun, die eine ganz bestimmte Wirkung auf Deinen Körper haben werden. Das Gehirn, das zentrale Nervensystem und das Gefühl, am Leben zu sein – all das kann durch Gedanken beeinflusst werden. Aus diesem Grunde: erwarte *immer* nur das Beste!

Und dann los!

Zur Wiederholung: die ersten beiden Lektionen aus dem Feuerlauf-Seminar waren das Wachsam-Sein und das Beste Erwarten. Zur dritten Lektion *Und dann los!* gehört es, die Fähigkeit zu erlangen, ein Ziel zu erreichen. Dazu sind vier Schritte notwendig:

1. Der erste der vier Schritte ist: wisse, wo Du Dich befindest. Wirf einen ehrlichen Blick auf Dich selbst. Stell Dir vor, Du fährst in eine neue Stadt, eine Stadt, in der Du noch niemals gewesen bist. Du lokalisierst also die Stadt auf einer Karte. Doch einfach nur zu wissen, wo auf der Karte sich diese Stadt befindet, wird Dich nicht dorthin bringen, wenn Du nicht außerdem weißt, wo auf der Karte *Du* Dich befindest.
2. Als nächstes: wisse, wo Du hin willst. Die meisten von uns wissen nicht, wo sie hingehen. Wir sind uns nur sicher, dass wir noch nicht dort sind. Um im Leben bewusst voranzukommen und die eigene Wirklichkeit unter Kontrolle zu haben, solltest Du wissen, was Du willst, nachdem Du Dein Ziel erreicht hast.

3. Jetzt mache einen Plan davon, wie Du handeln willst. Zehn Leute können zehn verschiedene Pläne haben, auf welche Weise sie dasselbe Ziel erreichen wollen. Und jeder dieser Pläne kann funktionieren. Der Punkt ist, tatsächlich zu *planen*. Egal ob Du einen Urlaub planst oder eine Veränderung im Beruf, so musst Du Dir in jedem Fall Gedanken machen, wie Du das anfangen willst. Fang mit Deinem Ziel an, das, wo Du am Ende anlangen willst. Jetzt arbeite Dich zurück. Vielleicht willst Du zum Beispiel für eine Woche im Jahr ein Kind betreuen. Aber Du weißt gar nicht, wo Du anfangen sollst: Wen sollst Du anrufen? Was gehört eigentlich dazu? Bist Du überhaupt qualifiziert? Mach Dir um solche Details noch keine Gedanken, fang lieber mit Deinem Ziel an. Stelle Dir vor, wie Du einen Teenager betreust. Welches wäre der letzte Schritt, bevor Du das tatsächlich tust? Wahrscheinlich würdest Du darauf vorbereitet werden. Wo würde das wohl stattfinden? Vermutlich bei einer sozialen Dienststelle. An welche sozialen Dienststellen würdest Du Dich wenden? Versuche doch, Dich an einige lokale Kirchen zu wenden oder an eine Einwandererbehörde oder einen Jugendclub. Mit anderen Worten: stelle Fragen, wie Du an ein Betreuerprogramm herankommen kannst.
   Wenn Du Dich auf diese Weise zurück arbeitest, wirst Du schon bald einen Plan haben, wie Du von A nach B kommst. Du hast nun einen Arbeitsplan erstellt.
4. Der vierte und letzte Schritt, um an ein Ziel zu gelangen, ist ganz einfach: Folge Deinem Plan! Gehe die Schritte, die Du Dir zurechtgelegt hast. Nimm Deine Planung als das Notwendige hin, aber konzentriere Dich auf das, was Du tun willst, und folge Deinem Plan.

Diese Vier-Schritte-Strategie lässt sich am besten mit drei Worten beschreiben: UND DANN LOS! Hier ein Beispiel. Flo zog von Ohio nach Kalifornien um. Flo liebte es, im Garten zu arbeiten, aber hatte schreckliche Angst vor Spinnen. Als sie erfuhr, dass in ihrer neuen Heimat Schwarze Witwen lebten, dachte Flo, dass sie die Gartenarbeit wohl aufgeben müsste.

Einige Monate lang blieb Flo im Haus, bis sie schließlich beschloss, ihrer Angst ein Ende zu bereiten. Als Erstes war sie dankbar dafür, dass sie ein Angstgefühl hatte, das sie überwinden wollte. (Wisse, wo Du bist.) Dann stellte sie sich vor, dass sie eines Tages trotz der Spinnen wieder im Garten arbeiten würde. Sie visualisierte eine Szene: sie sitzt zwischen Erbsen- und Maisbeeten, sieht eine Spinne und bleibt ganz ruhig, als wäre die Spinne nur ein Schmetterling. (Wisse, wo Du hin willst.) Dann überlegte sich Flo eine Strategie: sie kaufte Bücher über Spinnen und eine Lupe. Sie war entschlossen, alles über die Spinnen in ihrer Umgebung zu lernen, was es da zu lernen gab. (Einen Arbeitsplan erstellen.) Also las Flo über die Spinnen und beobachtete sie in ihren Netzen. (Folge Deinem Plan.) Sie erfuhr, dass Spinnen nur zur Selbstverteidigung beißen. Aber sie waren nützlich gegen Schädlinge. Sie waren großartig! Schon bald darauf *brauchte* Flo die Spinnen, um sie beobachten zu können und von ihnen zu lernen. Sie *wollte* sie in ihrem Garten haben, damit sie ihr bei der Schädlingsbekämpfung halfen.

Flo lernte das *Und dann los!*

Wie beim Feuerlauf so ist auch im Leben die Devise *Wachsam bleiben, das Beste erwarten, und dann los!* ein Erfolgsrezept, eine Philosophie, die unglaubliche Kräfte in sich birgt. Sie befähigt Dich, die Wirklichkeit zu erschaffen, die Du haben willst. Sie wird Dich mit der Biochemie ausstatten, die Du für den Erfolg brauchst. Wenn Du diesen einfachen Satz verinnerlichst, wirst Du überall hinkommen, wo Du nur hin willst. Er macht den Unterschied zwischen Gewinnen und Verlieren. Er kann den Unterschied machen zwischen Krankheit und Genesung. Mit diesem Satz wirst Du Dich neu programmieren und Dir selbst dabei helfen, viel mehr von Deinem eigentlichen Potential nutzen zu können.

Wie sonst sollten es Menschen geschafft haben, ein Meile in weniger als 4 Minuten zurückzulegen oder auf dem Mond spazieren zu gehen? Was man sich vorstellen kann, kann man auch verwirklichen!

Übung

Wenn Du Dein volles Potential ausschöpfen willst, ist der Schlüssel, dass Du Dich zu hundert Prozent auf eine Sache oder ein Ziel zu konzentrieren lernst. Wie alle anderen Dinge auch, so will auch die bewusste Aufmerksamkeit geübt sein, ehe Du sie wirklich beherrschst. Versuche, diese Übung so oft wie möglich durchzuführen. Es muss noch nicht einmal jemand bemerken, dass Du sie gerade ausführst. Setze Dich auf einen Stuhl und schließe Deine Augen. Als erstes spüre deutlich die Temperatur der Luft auf Deinem Gesicht. Als nächstes mache Dir das Gewicht der Haare auf Deinem Kopf bewusst. Dann achte auf jedes noch so kleine Geräusch in Deiner Umgebung, wozu auch die Klänge außerhalb des Raumes und in Deinem eigenen Körper zählen. Während Du Dich auf die Temperatur, das Gewicht oder die Geräusche konzentrierst, sei Dir bewusst, dass Du Dir Deiner selbst bewusst bist. Sei der Beobachter in Deinem Leben, sei der, der alles sieht.

Fallschirmspringen

...und hopp!

Ich danke dir, Herr,
dass du mich dorthin führst,
wo ich nicht hin will.

- Nikos Kazantzakis -

Eine extreme Spiritualität beinhaltet, dass wir mehr tun müssen, als einfach nur herausfordernde Situationen zu akzeptieren. Sie verlangt auch danach, dass wir uns fortwährend nach Herausforderungen umsehen, die uns zeigen können, welche Fortschritte wir auf unserem spirituellen Weg gemacht haben. Es ist eine Sache, sagen zu können, dass wir an einer bestimmten Stelle unseres Weges angelangt sind; ein völlig andere Sache ist es, die Dinge, von denen wir reden, auch tatsächlich in die Tat umzusetzen. Jesus hat gesagt: „Was nützt es einem Menschen, wenn er einen Glauben hat, aber keine Aufgaben? Kann sein Glaube ihn dann retten? Ein Glaube ohne Aufgaben ist ein toter Glaube. Nur durch Aufgaben kann sich ein Mensch offenbaren, niemals durch den Glauben allein." Die Aufgaben, von denen Jesus da redet, sollen unseren Glauben auf die Probe stellen, unseren Willen, diesen Weg zu beschreiten und ein Leben in höherem Bewusstsein zu leben.

Glauben erfährst Du zum Beispiel in dem Moment, wenn Du einen Seiltänzer auf einem hohen Draht entlang laufen siehst. Selbst dann, wenn der Tänzer wackelt und wankt und Du die Luft anhältst, glaubst Du daran, dass er nicht hinunterfallen und vor Deinen Augen auf den Boden schlagen wird.

Nun stell Dir vor, nach dieser Aufführung kommt der Seiltänzer auf Dich zu und bittet Dich, Dich auf seine Schultern zu setzen, damit er Dich über den Draht tragen kann. Wenn Du damit einverstanden sein willst, ist ein wenig mehr als bloß der Glaube notwendig. An diesem Punkt wird nämlich der Glaube zu einem Akt des Vertrauens.

Eben solche Testerfahrungen sind es, die uns unser unreifes Ego von unserem weitaus mächtigeren aufmerksamen Bewusst-Sein unterscheiden lassen. Aus diesem Grunde begrüßen wir solcherlei Prüfungen, ob diese nun bedeuten, dass man aus einem Flugzeug springt, über Kohlen läuft oder zum Telefonhörer greift, um sich für etwas zu entschuldigen.

Wenn in Deinem Glauben verankert ist, dass die gesamte Schöpfung der Liebe wert ist, dann kannst Du auch Dein Leben auf eine neue Art und Weise leben, indem Du Dir Herausforderungen suchst. Dann vertraust Du der Vollkommenheit der Schöpfung, gestützt auf den unerschütterlichen Glauben, dass Du selbst von unschätzbarem Wert bist und es verdienst, gute Erfahrungen zu machen. Wenn Du Dich entschieden hast, diese extreme Spiritualität zu leben, dann hast Du Deinen Bio-Computer bereits elektrochemisch neu programmiert, damit er Dir nun gewähren kann, wonach Du verlangst. Allein schon diese physische Manifestation trägt Dich über Deine Zielsetzung hinaus und hin zum Erreichen Deines Ziels.

Dankbar für die Gnade

Diese neue Lebensart bedeutet, in einer fortwährenden Gnade zu leben. Ohne diese Gnade ist alles andere wertlos. Denn mit Gnade kannst Du Deine Ängste überwinden. Sie befähigt Dich erst, Dir neue Herausforderungen zu suchen. Und mit jedem Erfolg wird auch diese Gnade größer. Als ich beschloss, meine Höhenangst zu überwinden, war es die Gnade, die mich dazu trieb, Fallschirmspringen zu gehen. Der einzige Zweck darin, aus einem Flugzeug zu springen, war für mich, herauszufinden, wie ich selbst meine Höhenangst erzeugte. Und selbst als ich in die Türöffnung des Flugzeuges trat, jagten tausende Stimmen durch meinen Kopf: „Was, wenn der Fallschirm sich nicht öffnet? Was, wenn Du Dich in den Seilen verfängst? Was, wenn Du nicht richtig herausspringst? Und was, wenn Du nicht richtig landen kannst?"

Plötzlich wurde mir klar, dass all diese Fragen mit denselben beiden Worten begannen: „Was, wenn...?" Achte einmal darauf: dieses „Was, wenn...?"-Syndrom verursacht möglicherweise eine Menge Probleme in Deinem Leben.

In diesem Moment rief ich ganz laut: „Haltet die Klappe!“ Und damit sprang ich hinaus. In diesem Moment begriff ich nicht nur, wo meine Höhenangst herkam, sondern wo *alle* Ängste herkommen. In welcher Form sie auch immer erscheint: Angst hängt immer mit der Angst vor der eigenen Sterblichkeit zusammen. Ich war auf meinem spirituellen Weg zu dieser Zeit bereits soweit gekommen, dass ich spürte, dass ich keine Angst vorm Sterben hatte. Tatsächlich hatte ich das Sterben sogar so oft wie nur möglich geübt. Es wurde zu einer richtig regelmäßigen Übung für mich, nachdem ich einmal meine Kokosnuss am Tempeltor auf Sri Lanka zerschmettert hatte. Was habe ich denn zu befürchten? Nichts! Ich triumphierte, als ich durch die Lüfte flog. Von diesem Moment an habe ich jedem „Was, wenn...?“ in meinem Leben ein „Halt die Klappe!“ entgegen geschleudert.

Wenn Du erfahren willst, wie Du Dir jederzeit Deine Wirklichkeit selbst erschaffst, dann ist es notwendig, dass Du ununterbrochen darauf achtest, was in Deinem Kopf herumgeht. Besonders wichtig wird das bei einer negativen Erfahrung.

Mit anderen Worten: die Prüfungen sollen uns willkommen sein.

Denke immer daran, dass Dein Ego lediglich ein Filter ist, der Dich nur das wahrnehmen lässt, was er Dir zeigen will. Das Ego in Form des RAS steht über tausende von Nervensträngen mit allen Bereichen des Gehirns in Verbindung. Wir hören nur, was unser Ego uns hören lässt, wir sehen nur das, was unser Ego uns erlaubt zu sehen, und auch denken tun wir nur das, was uns das Ego zu denken erlaubt. Das Ego ist identisch mit all unseren Handlungen. Wenn Du also das Sterben übst, so oft es nur möglich ist, dann wirst Du bald erkennen, dass es nur Dein Ego ist, was stirbt. Was da stirbt, ist nur das eingeschränkte Ich.

Wenn Du begreifst, dass die zerschmetterte Kokosnuss Deinen Kopf darstellen soll, dann beginnst Du, Dir vorzustellen, wie die Welt wohl ohne Dich wäre. Du wirst dann bald feststellen, dass Du die Welt auch sehr gut ohne Dein Ego erleben kannst, und dann musst Du auch nicht sterben. Wenn das Ego erst einmal aufs Abstellgleis gestellt ist, kann man die Welt ganz klar wahrnehmen, ganz ohne die ständigen Wertungen. Und plötzlich tut sich eine völlig neue Perspektive auf. Du entwickelst ein Gespür dafür, dass Du mit einer viel größeren Macht, einer absoluten Vollkommenheit in Verbindung stehst. Von dieser vorteilhaften Sicht aus ist rein gar nichts mehr erschreckend oder Furcht einflößend, denn Du empfindest Dich selbst nicht länger als etwas, das irgendwie eingeschränkt werden könnte.

Der Tod Deines Egos befähigt Dich zu Spitzenleistungen, denn erst jetzt erkennst Du, wer Du wirklich bist, der Mensch ohne seine Programmierung. Ebenso wie ein Hund, der einen Schmerz verspürt, wenn er sich die

Pfote verletzt, so bist auch Du in der Lage, den Schmerz wahrzunehmen. Was der Hund jedoch nicht kann, ist sich dessen bewusst sein, dass er gerade Schmerzen verspürt. Du aber hast diese Gabe. Das erweckte Bewusstsein darüber, wie Dein Ego Deine besten Absichten sabotiert, bewegt Dich dazu, die Herausforderung zu suchen und an ihr zu wachsen. Es ist dieses wache Bewusst-Sein, das Dir schließlich dabei hilft, Dich von Deinen Ängsten zu befreien, denn es lässt Dich zuhören, wie Dein Ego spricht: „Was, wenn mein Fallschirm sich nicht öffnet?“

Prüfungen sind etwas Gutes

Als ich das nächste Mal Fallschirmspringen ging, flogen wir mit einem anderen Flugzeug. Aus dem ersten Flugzeug zu springen, war nicht schwer: ich musste mich einfach nur durch eine offene Tür fallen lassen. Bei dem zweiten Flugzeug sah die Sache ganz anders aus, denn dieses hatte ein Rad direkt neben der Tür. Um also sicher abspringen zu können, war es nötig, auf den Flügel hinaus zu klettern. Dafür musste ich mich auf das Rad hinauf stellen und mich von dort aus zu der Verstrebung strecken, die den Flügel stützte. Ich hangelte mich Zentimeter für Zentimeter an der Verstrebung entlang, bis ich das Ende des Flügels erreicht hatte. Als ich dort angelangt war, musste ich mich in eine bestimmte Position bringen und auf das Zeichen meines Sprungmeisters warten, woraufhin ich mich fallenlassen würde.

Glaub mir, ich bin kein James Bond – das war eine ungeheure Herausforderung für mich. Erst aus der Tür heraus klettern und mich unentwegt hangelnd zum Ende des Flügels vorarbeiten, und dann musste ich die Verstrebung auch noch loslassen, um noch näher an den Flügelrand zu gelangen. Da stand ich nun in tausenden Metern Höhe und flatterte wie ein Bettlaken auf der Wäscheleine!

Die einzige Möglichkeit für mich, meine Angst zu überwinden und die Verstrebung loszulassen, damit ich weiter vorankommen konnte, war, mir selbst immer wieder zu sagen „Wachsam bleiben, das Beste erwarten, und dann los! Wachsam bleiben, das Beste erwarten, und dann los!“ Wenn dieses Mantra mich an den Rand dieses Flugzeugflügels bringen konnte, dann kann es Dir mit Sicherheit dabei helfen, Dich Deinen Herausforderungen zu stellen und an Deine Ziele zu gelangen!

Übung

Nicht jede Prüfung muss unbedingt konfrontierender oder dramatischer Natur sein. Schon die alltäglichsten Handlungen können uns lehren, wie wir unsere eigene Wirklichkeit erschaffen können.

Nimm einfach irgendeine Aufgabe oder eine Hausarbeit, die Du nicht magst – zum Beispiel Fenster putzen. Wenn Du anfängst, mache Dir bewusst, was Du Dir selbst sagst. Beobachte, welche Wirkung diese Dinge auf Deine Empfindungen haben, wie es um Deine Energie steht und in welchem Maße Du Freude oder Abneigung verspürst. Achte auf das Wasser, auf die fließende Bewegung Deiner Hände auf dem Glas, darauf, wie sich der blaue Himmel und die weißen Wolken hinter Dir im Fenster spiegeln. Mache das Schöne an dieser Situation ausfindig.

Wenn Du wachsam bist, wirst Du erkennen, wie Du selbst diese Erfahrung bestimmst, indem Du die einen Gedanken zulässt und die anderen einfach abstößt. Sobald Du etwas wie Entkräftung oder negative Gedanken in Deinem Kopf bemerkst, dann solltest Du ihnen immer diese drei mächtigen Worte entgegen schleudern: „Haltet die Klappe!“

Objekte durch den Körper stoßen

Das Mögliche neu definieren

Wir haben noch nicht einmal ansatzweise jene Kraft erkannt, welche Gott im Menschen wie in allem Leben erschaffen hat.

- Reverend Robert Schuller -

So unglaublich das Fallschirmspringen auch gewesen ist, eine noch größere Herausforderung war für mich, meinen Körper mit einer 12 cm langen Nadel zu durchbohren. Als mich Geraldo Rivera gebeten hatte, einmal einen Feuerlauf darzubieten, lud ich dazu noch ein paar weitere Leute ein, die mir helfen sollten, eine umfassendere Präsentation davon bieten zu können, wie man an Herausforderungen wachsen kann. Neben mir auf der Bühne saß ein Kerl, der sich eine 12 cm lange Stricknadel durch die Hand stach, ohne den geringsten Schmerz zu verspüren oder zu bluten. Ich hatte eine richtige Aversion gegen Nadeln und war deshalb nicht allzu erfreut darüber, ausgerechnet neben diesem Typen zu sitzen. Nun waren aber eine Menge Kameras auf uns gerichtet, und die Show wurde im ganzen Land ausgestrahlt, also heuchelte ich Interesse daran, wie man eine Nadel durch eine menschliche Hand stecken konnte, bis sie auf der anderen Seite wieder heraustrat.

Ganz abgesehen von meiner Abneigung hat mich doch weitaus mehr geschockt, dass der Mann regelrecht dabei strahlte. Der hatte nicht einfach nur sein Gesicht zu einem Lächeln verzogen – er war in einem Zustand absoluter Glückseligkeit. Sofort verspürte auch ich den Drang, herauszufinden, was wohl diese Glückseligkeit hervorgerufen haben mochte. Ich begriff, dass meine Aversion dagegen, eine Nadel durch meine Hand zu stecken, eine notwendige Lektion für mein persönliches Wachstum sein musste. Wie viele andere Übungen während meiner Seminare, so war auch „die Nadel“ äußerst dramatisch. Ich mag diese Dramatik, denn sie prägt bestimmte Lektionen viel deutlicher in die Erinnerung ein, unlöschbar sozusagen. Sich an eine dieser Lektionen zu erinnern, ist oftmals das Einzige, was man braucht, um sich aus einer schmerzlichen Situation zu retten.

Also nahm ich schließlich die Nadel mit in meine Seminare auf, als dramatische Übung sozusagen, um die Teilnehmer zu einer neuen Definition dessen, was möglich ist, anzuregen. Genau wie das Feuerlaufen half auch die Nadel den Menschen, alle möglichen Arten von eingrenzenden Gedanken zu erkennen.

Einige Menschen wurden schon ohnmächtig davon, diese Szene einfach nur zu beobachten. Andere erbrachen sich. Interessanter Weise kamen die Ohnmächtigen und Erbrechenden mit der Nadel niemals auch nur in Berührung. Offensichtlich hat nicht der physische Schmerz ihre Qualen hervorgerufen, sondern der emotionale.

Solche Tests stärken uns. Wir finden heraus, auf welche Weise unser Geist arbeitet und können diese neue und bestärkende Bewusstheit nutzen, unsere Art, mit dem Leben umzugehen, zu verändern. Wir erkennen, dass der Schmerz, ganz genau wie der glühende Kohlenteppich, lediglich eine begrenzende Situation darstellt. Wir haben die Chance, uns bewusst zu machen, wie es dazu kommt, dass wir Ergebnisse erreichen, die wir eigentlich vermeiden wollten. Und damit gewinnen wir eine Möglichkeit, die notwendigen Veränderungen vorzunehmen, um fortan nur noch zu Ergebnissen zu gelangen, die wir genau so wollten.

Der wirklich bemerkenswerte Aspekt dieses Prozesses ist nicht etwa, dass er ganz ohne Schmerzen und Bluten verläuft; wirklich bemerkenswert ist diese Glückseligkeit, die in den Teilnehmern ausgelöst wird. Glückseligkeit ist ein Bewusstseinszustand, für den es buchstäblich keine Worte gibt. Ganz einfach gesagt, ist es die Abwesenheit des Egos. Während eines Seminars war jeder der Teilnehmer bereit, sich die Nadel durch seine Hand zu stechen, und die Glückseligkeit intensivierte sich so stark, dass die Leute plötzlich aufstanden und zu tanzen anfingen. Zum Glück habe ich das auf Video – es ist erstaunlich, zuzusehen, wie sich die Menschen verändern, wenn sie einfach nur dieses Video anschauen! Aus diesem Grund ist es auch möglich, dass Du Dich vom bloßen Lesen dieses Buches verändern wirst. Manchmal ist es gar nicht notwendig, dass wir selbst etwas Extremes erleben, es verändert uns dann schon, wenn wir zusehen oder zuhören, wie andere Menschen ein solches Erlebnis haben. Warst Du noch nie beeindruckt vom Mut eines anderen? Zuzusehen, wie eine andere Person eine gewaltige Aufgabe löst oder sich einer Herausforderung stellt, kann zu einer bleibenden Veränderung im jeweiligen Zuschauer führen, auch wenn derjenige die ganze Erfahrung aus einem bequemen Sessel heraus verfolgt.

Mach es Dir leicht

Begrenzt Du Dich auch manchmal selbst, wenn Du in irgendeiner Situation zu Dir sagst: „Das wird schwierig“ oder „Das wird hart“? Das war auch eines meiner Probleme, dem ich mich stellen wollte. Die Nadel konnte mir dabei helfen, das wusste ich.

Zuerst saß ich nur da, die Nadel auf meine Haut gedrückt, doch immer, wenn ich sie durch meine Hand bohren wollte, ließ mich irgendetwas erstarren, und ich saß nur noch da, wie ein Stein. Mir stand schon der Schweiß auf der Stirn, doch so sehr ich mich auch bemühte, mein Arm wollte einfach nicht die nötige Kraft aufbringen, diese Nadel durch meine Hand zu stechen und sie auf der anderen Seite wieder herauszuziehen.

Ich betete um Kraft. Tief in mir drin hörte ich eine Stimme: „Mach es Dir leicht!“

Leicht?! Wie soll ich mir das denn leicht machen?

Und wieder der stumme Rat aus meinem Inneren: „Mach es Dir leicht“.

Tatsächlich war mir niemals der Gedanke gekommen, dass ich mir das leicht machen könnte.

„Mach´s Dir leicht.“ „Mach´s Dir leicht.“

Als mir der Schweiß von der Stirn tropfte, stieß ich zu! Zu meinem tiefen Erstaunen glitt die Nadel durch meine Hand, wie ein Messer durch weiche Butter. Und da war nicht der geringste Schmerz. Und auch kein Blut. Nicht ein Tropfen!

Ich spürte am ganzen Körper, wie meine Haut zu kribbeln begann, und in meinem Nacken stellten sich die Härchen auf. Ich konnte kaum mehr atmen. Diese Erfahrung war wie ein Orgasmus. Ich war glückselig! Wenn ich das nicht selbst erlebt hätte, ich hätte es niemals glauben können. Mehr als jede andere Herausforderung in diesem Buch war die Nadel, die ich durch meine Hand stieß, mein absolut größter Sieg. Für mich persönlich war diese Erfahrung so belebend und wertvoll, wie keine andere in diesem

Buch. Ich erkannte plötzlich mit aller Klarheit, dass ich aufhören musste, mir immerzu zu sagen, dass irgendetwas schwierig werden würde.

Sich vom Bekannten befreien

Ob Du Dir nun eine Nadel durch die Hand jagen willst oder nicht, wenn Du fest entschlossen bist, Dich von Deinem eingrenzenden Ego-Bewusstsein (Dinge, wie „Das ist zu schwierig für mich" oder „Das kann ich nicht" oder „Er kann es, aber ich bestimmt nicht") zu befreien, dann wirst Du herausfinden, was wirklich in Dir vorgeht, und nicht nur das sehen, was Dein Ego Dir erlaubt zu sehen. Du wirst anfangen, die Wirklichkeit zu erleben – und zwar nicht die Wirklichkeit, die zuvor durch Dein RAS gefiltert und beschnitten wurde, sondern eine Wirklichkeit, in der alles möglich ist.

Hier ein Beispiel davon, wie sehr das RAS Deine Möglichkeiten einschränken kann:

Einmal wurde ein Priester von einer Flut eingeschlossen. Als das Wasser bis zu seinem Dach anstieg, kletterte er auf den Schornstein. Da fuhr ein Mann in einem Ruderboot vorbei und rief: „Kommen Sie an Bord!"

„Retten Sie jemanden, der einen schwächeren Glauben hat", antwortete der Priester, „Mich wird Gott retten." Ein weiteres Ruderboot kam in Sicht. Eine weitere Möglichkeit, von dem Schornstein herunter zu kommen. Schließlich kam sogar ein Hubschrauber und warf dem Priester ein Seil zu. Der aber schlug die Rettung wieder aus und musste schließlich ertrinken.

Im Himmel fragte dann der Priester: „Gott, warum hast Du mich nicht errettet?" Gott antwortete ihm: „Du Dummkopf! Ich habe Dir zwei Ruderboote und einen Hubschrauber geschickt!"

Wenn Du Dich erst einmal von den falschen Wahrnehmungen Deines Egos befreit hast, wirst Du nicht länger nach Ruderbooten und Hubschraubern Ausschau halten, sondern die Chancen zu Deinem Wachstum erkennen und begreifen, dass Gott und die Glückseligkeit sich überall befinden können. Jesus hat sicherlich nicht über den Schmerz geweint, den die Nägel in seinen Händen und Füßen verursacht haben müssen. An dieses Kreuz genagelt, war Jesus dennoch in der Lage zu sagen: *Vergib ihnen.*

Sei wachsam! Das Leben ist ein Spiegel, der Dir stets vor Augen hält, an welchem Punkt Deines spirituellen Wachstums Du Dich gerade befindest, und es wird Dich vor Herausforderungen stellen, an denen Du wachsen kannst. Wenn Du wissen willst, welche Glaubensvorstellungen Dich zu diesem Leben bewegen, das Du führst, dann gib Acht auf das, was in Deinem Kopf herumgeht! Zum größten Teil erschaffst Du selbst Deine Wirklichkeit. Wenn Du unglücklich bist, dann kannst Du vielleicht nichts an der Situation ändern, aber Du besitzt eine Gabe, die kein anderes Wesen hat: die Gabe, selbst zu wählen, wie Du reagieren willst.

Du musst lernen, Deinen inneren Stimmen zu sagen: „Haltet die Klappe!" Und dann sagst Du Dir selbst: „Mach es Dir leicht!"

Es lässt sich eigentlich kein praktischer Nutzen daraus ziehen, wenn man sich eine Nadel durch die Hand bohrt. Es ist nicht gerade eine Fähigkeit, die Du in Deinem Leben oft brauchen wirst. Aber solche Prüfungen können Dich stärken. Durch sie erkennen wir, wie unsere Gedanken arbeiten, und wir können diese neuen und bestärkenden Bewusstseinszustände nutzen, um die Art und Weise zu verändern, auf die wir mit Menschen oder Situationen in unserem Leben umgehen. Wir begreifen, dass unser Leiden, was wir z. Bsp. in einem glühenden Kohlenteppich oder in einer 12 cm langen Nadel projiziert finden, nichts anderes ist, als eine begrenzende Situation. Doch ebenso, wie wir über die Nadel triumphieren können, so ist uns auch jeden Tag die Möglichkeit gegeben, zu erkennen, wie sehr wir uns selbst einschränken. Doch sobald wir das erkannt haben, sind wir schon in der Lage, die notwendigen Änderungen vorzunehmen, um die Dinge im Leben zu erreichen, die wir erreichen wollen.

Vielleicht stellst Du Dich ja für ein Projekt an der Schule Deines Kindes zur Verfügung. In dem Moment, in dem Dir klar wird, wie kompliziert diese Arbeit ist, bist Du vielleicht erst einmal überwältigt von der Fülle der Aufgaben, die Du nun bewältigen sollst. Wenn Du Dich dann dabei ertappst, wie Du zu Dir sagst: „Das ist mehr, als ich eigentlich tun wollte" oder „Das schaffe ich niemals rechtzeitig!", denk an den Satz: „Das ist gar nicht so schwer." Mache Dir bewusst, wie die Zweifel an Deiner Energie nagen. Der Wille aber, etwas ganz einfach werden zu lassen, wird Dich mit all der Energie versorgen, die notwendig ist, um diese Aufgabe zu erfüllen.

Übung

Schreibe die Worte *Mach es Dir leicht!* auf mehrere Klebezettel. Klebe einen davon an Deinen Badezimmerspiegel, einen anderen klebst Du an Deinen Kühlschrank. Einen auf das Armaturenbrett in Deinem Auto. Und einen in Deine Brieftasche.

Während der nächsten paar Tage, beobachte Dich, wie Du Dir selbst die Dinge schwer machst, indem Du Dir einredest, sie seien schwierig. Dann mache Dir Gedanken, wie Du diese Einstellung ändern kannst. Sage Dir einfach, dass das alles im Vergleich zu einer Geburt ein Kinderspiel ist.

Sieh Dir diese Zettel jeden Tag ganz bewusst an. Sie sollen Dich daran erinnern, dass Du die Dinge auch anders wahrnehmen kannst, als Du es bisher getan hast. Du wirst merken, dass es viel mehr Stress verursacht, sich vor gewissen Aufgaben zu drücken, als einen Weg zu finden, das Ganze locker zu nehmen. Du wirst die Lektionen des Lebens lernen, indem Du in Dich blickst. Mit anderen Worten: Du wirst Dir selbst zum Lehrer. Keiner wird Dich mehr dafür rügen, dass Du das Ruderboot verpasst hast.

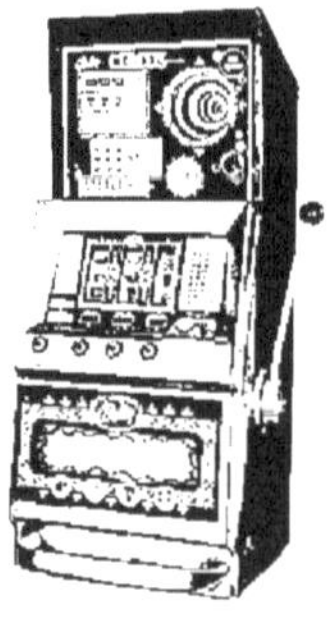

Spielautomaten als Bioresonanz

Erwachen durch das Ungewöhnliche

Wir müssen das Bewusstsein nicht vollends begreifen, um seinen Wert zu erkennen. Allein schon unsere Bereitschaft, uns unseren eigenen Reichtum klarzumachen, unsere Unbegrenztheit, unser unerschöpfliches Potential, reicht aus, uns unsere Herrlichkeit vor Augen zu führen.

- Arnold Patent -

Meine Leidenschaft für die extreme Spiritualität hat zu einigen ziemlich außergewöhnlichen Übungen während meiner Selbst-Stärkungs-Seminare geführt. Feuerlauf, Fallschirmspringen und 12 cm-Nadeln mögen ja extrem erscheinen, aber eben nur dann, wenn man sie aus ihrem Kontext herausnimmt. Die Tatsache, dass Kasinos zu meinen Lieblingsschauplätzen für meine Seminare zählen, macht vielleicht auch einen etwas grotesken Eindruck. Aber ich suche nun einmal das Ungewöhnliche, denn ich möchte das geistige Erwachen der Menschen beschleunigen.

Glaub es oder nicht, aber ein Kasino ist der ideale Ort, den Menschen ein Gefühl der Gnade zu übermitteln. Als Schauplatz für spirituelles Wachstum ist es ungefähr ebenso extrem wie eine Nadel oder ein glühendes Kohlenbett. Ein Spielautomat kann uns in der Tat Bioresonanz geben und so dabei helfen, eine innigere Verbindung zur Liebe und zu Gott einzugehen. Schließlich funktionieren auch Spielautomaten mit derselben göttlichen Energie, die auch alles andere in diesem Universum durchströmt!

So unglaublich das auch erscheinen mag, Spielautomaten sind ein sehr wertvolles Hilfsmittel dabei, wenn man lernen will, sein Herz zu öffnen. Weißt Du noch, wie Deine Einstellung die Chemie in Deinem Körper beeinflusst? Wenn wir bedenken, dass das Gehirn und im Grunde genommen der gesamte Körper eine Ansammlung elektronischer Impulse ist, dann scheint es gar nicht mehr so weit hergeholt, dass wir elektrische Geräte beeinflussen können.

Allerdings sind Kasinos und Spielautomaten nicht der richtige Ort für Dein spirituelles Wachstum, wenn Du in irgendeiner Hinsicht suchtgefährdet bist. Wir wollen die Spielautomaten einzig und allein als Werkzeug zu persönlichem Wachstum und einer spirituelleren Wirklichkeit benutzen. Andere dagegen nutzen sie als Flucht vor der Realität, wodurch sie von einem hilfreichen Werkzeug zu einer ganz und gar destruktiven Kraft werden.

Gnade

Die Gnade ist, neben anderen Definitionen, „ein Gefühl von Schicklichkeit und Richtigkeit" und „göttliche Liebe und Schutz, die der Menschheit zum Geschenk gemacht ist". Für mich ist Gnade eine greifbare Manifestation von Gottes Liebe zu mir. Den meisten von uns widerfährt die Gnade unerwartet und ungedankt. Die Gegenwart der Gnade in Deinem Leben lässt sich erheblich ausweiten, wenn Du der Ansicht bist, dass Du sie tatsächlich verdienst; denn dann lädst Du sie in Dein Leben ein, Du zeigst Dich Ihrer erkenntlich und bist dankbar dafür.

Um deutlich zu machen, wie man die Gnade in seinem Leben vermehren kann, nehme ich ab und zu einige Gruppen mit in ein Kasino. Dort erzähle ich ihnen dann eine wahre Geschichte über meinen Freund Roger, der als Arzt in einem Krankenhaus in der Notaufnahme arbeitet. Eines Tages lieferte man dort einen Mann ein, der gerade eine wahrhaft bizarre Reihe von Unfällen erlebt hatte.

Der Mann war Mitte fünfzig und war mit seinem Wohnmobil in einen ziemlich abgelegenen und steilen Canyon hinein gefahren. Es war ein trockener Septembertag im Vorgebirge der Sierra. Ohne Vorwarnung setzten plötzlich die Bremsen des Wohnmobils aus. Um den großen Wagen zu stoppen, steuerte der Mann direkt auf die Canyonwand zu. Aber anstatt zum Stehen zu kommen, wurde der Wagen durch den Aufprall über die Canyonwand hinaus geschleudert und mitten in den Canyon hinein. Er überschlug sich mehrere Male, während er den Canyon hinab rollte. Große Teile flogen von dem Fahrzeuggestell, während es den Abhang herunter wirbelte; und als es schließlich auf dem Boden des Canyons landete, war nichts mehr von dem Wagen übrig, bis auf den Mann, der an seinen Sitz gegurtet auf dem Fahrgestell festsaß.

Das Wohnmobil landete aufrecht, und der Mann war nur leicht verletzt. Er befreite sich von seinem Sicherheitsgurt und lief weg, als plötzlich der Tank explodierte. Die Explosion verursachte sofort einen Brand in dem ausgetrockneten Canyon, und schon bald stand der ganze Wald in Flammen. Der Mann kletterte den steinigen Abhang hinauf, barfuss und ohne Hemd.

Völlig erschöpft hielt er auf einem Felsvorsprung inne, um Luft zu holen, als plötzlich die Pinie über ihm in Flammen aufging und brennende Äste auf ihn hinabregnen ließ. Er konnte gerade noch ausweichen und kletterte weiter nach oben. Inzwischen war die kalifornische Forstwirtschaft mit Lufttanks angerückt, und in dem Moment, als der Mann die Straße erreichte, wurde er mit feuerlöschendem Borat bombardiert.

Nach Luft ringend schleppte er sich die Straße entlang und begegnete endlich einem Feuerwehrtrupp, der dann die Ambulanz rief. Roger untersuchte den Mann in der Notaufnahme und musste feststellen, dass er kaum verletzt war. Er hatte eine angebrochene Rippe, ein paar oberflächliche Schürfwunden und den ein oder anderen blauen Flecken.

Es gab mehrere Male die Möglichkeit, dass der Mann hätte sterben, mindestens aber verletzt werden können. Mit jedem Mal, dass er entkam, wurde ihm Gnade zuteil. Ob dieser Mann sich jemals dafür erkenntlich zeigen wird oder auch nicht, so bleibt es doch, was es ist. Manche Menschen verleugnen die Gnade gern, wenn sie ihnen begegnet, oder sie versuchen, ihr den Zauber zu nehmen, indem sie sie mit Begriffen wie Zufall behaften. Eine extreme Spiritualität aber verlangt von uns, dass wir uns der Gnade in unserem Leben bewusst sind und ihr unsere Dankbarkeit erweisen.

Je mehr Du Dir der Gnade bewusst bist und Dich für sie bedankst, desto öfter wird sie Dich heimsuchen, als würde sie magnetisch angezogen. Ein guter Anfang ist, sich selbst immer wieder zu sagen: *Gott liebt mich, ich verdiene seine Liebe*. Im selben Moment wird alle Schuld, Verlegenheit und Unwürdigkeit von Dir abfallen. Es ist vergleichbar mit dem Feuerlauf, der ein ganzes Leben in einer bestimmten Programmierung auf einen Schlag verwirft.

Geld als Metapher

Nun zurück ins Kasino. Spielautomaten sind dazu da, dass sie ab und zu den Jackpot ausspucken (niemand würde Geld hineinwerfen, wenn das nicht der Fall wäre). Sich der Gnade im Leben bewusst zu sein, bedeutet, nicht weiterhin zu glauben, dass sowieso jemand anderes den Jackpot knacken wird oder das sogar mehr verdient, als man selbst. Fange an mit der Bewusstheit zu leben, dass Du ein Gewinner bist. Die Übung im Kasino soll Dich lehren, dass Du Dir selbst erlauben musst, Gottes Liebe (Gnade) in Form von Geld anzunehmen.

Das Geld wird in dem Moment zu einer Metapher für Liebe. Wenn man Spielautomaten als Bioresonanz benutzt, kommen ganz schnell die eigenen Gefühle von Schuld und Wertlosigkeit ans Licht. Wir erkennen wieder einmal, wie unser Ego unsere Wirklichkeit bestimmt. Wenn Du aber lernst, um die Gnade zu bitten und sie anzunehmen, dann wird sie Dir auch begegnen – im Kasino eben in Form von Geld.

Genau wie der Feuerlauf, so kann auch die Lektion im Kasino zu einem Hilfsmittel werden, durch das wir unser Leben neu prägen. Die Menschen lernen, für alles, was ihnen im Leben begegnet, dankbar zu sein. Denn in all unseren Erlebnissen, und ganz besonders in den negativen, entdecken wir auch die Chance auf Wachstum und Gnade.

Täglich mit einem Bewusstsein von Gnade und einem Gefühl der Dankbarkeit durchs Leben zu gehen, kann man nicht über Nacht lernen. Dazu muss man erst einmal lernen, seinen spirituellen Muskel richtig einzusetzen. Ebenso wie ein neuer Muskel braucht auch eine neue Einstellung viel Übung, um sich richtig entwickeln und entfalten zu können. Schließlich geht man auch nach dem ersten Besuch im Fitnessstudio noch nicht als Muskelpaket heraus. Geht man aber regelmäßig dorthin und trainiert, dann wird man auch Ergebnisse sehen. Mit der Gnade verhält es sich nicht anders. Wenn Du sie in Deinem Leben haben willst, dann übe, Dir ihr Vorhandensein ins Bewusstsein zu rufen. Mit der Zeit wirst Du die Gnade in Deinem Leben genauso deutlich sehen können, wie die Muskeln nach einigen Wochen Training.

Offenen Herzens die Fülle erleben

Das Universum ist eines der Fülle. Und wir müssen nicht einmal etwas dafür tun, damit diese Fülle entsteht, wir müssen uns ihrer nur bewusst werden. *Wenn* es etwas gibt, was wir *wirklich* tun sollten, dann ist es, uns bewusst zu machen, *wie sehr wir selbst uns von dieser Fülle abschneiden, die überall um uns herum existiert*. Ramana Maharshi hat einmal gesagt: „Wie kannst Du Dich über die Kargheit des Ozeans beklagen, wenn Du gerade einen Fingerhut voll von ihm fassen kannst?"

Ich habe die Erfahrung gemacht, dass ich mich, wenn ich mein Herz verschließe, nicht nur um die Fülle des Universums bringe, sondern ebenso um die potentielle Liebe, die überall um uns herum ist. Spielautomaten können uns als Bioresonanz dienen und uns damit helfen, eine viel tiefere Bindung zur Liebe und zu Gott einzugehen.

So abscheulich das auch scheinen mag, aber Spielautomaten haben sich für mich als das mächtigste Mittel herausgestellt, durch das ich lernen kann, mein Herz immer offen zu halten. Ich habe bereits darüber gesprochen, wie sich die Chemie in unseren Körpern verändert, wenn wir negative oder positive Gedanken haben. Dieser elektrochemische Zustand, in den wir uns mittels unserer Gedanken versetzen, wirkt sich nicht nur auf unseren eigenen Körper aus, sondern auch auf alles, was um uns herum ist.

Heutzutage funktionieren die Spielautomaten mit Hilfe eines Computerchips, der uns als Zufallsgenerator bekannt ist. Der texanische Physiker Helmut Schmidt hat eine Reihe von Experimenten durchgeführt, um herauszufinden, ob wir mit unserem Geist diesen Zufallsgenerator beeinflussen können oder nicht. Seine Forschungen an der Universität von Texas haben in den vergangenen zwanzig Jahren ergeben, dass wir tatsächlich den Computerchip steuern können, indem wir nichts weiter verwenden, als unsere bloßen Gedanken.

Demnach wird, wenn eine Person glaubt, dass eine andere den Jackpot knacken wird, dies von der Maschine auch genauso umgesetzt. Dieselben Gedankenmuster, die darüber bestimmen, ob wir uns selbst eines unglaublichen Reichtums für wert befinden, bestimmen auch, ob wir Liebe erfahren dürfen und ein offenes Herz haben – oder ob wir uns das Gegenteil zusprechen. Wenn wir uns selbst des Reichtums nicht für wert befinden, dann befinden wir uns auch keiner anderen guten Sache für wert.

Wenn wir ganz genau auf unsere Gedanken achten, während wir vor einem Spielautomaten sitzen, dann können wir herausfinden, was es ist, das uns von Gnade und Liebe trennt.

Nach langen Jahren spirituellen Wachstums und Entwicklung war es doch ein Spielautomat, der mich klar erkennen ließ, was ich mit meinen Gedanken tat und wie sich dies darauf auswirkte, ob mein Herz offen oder verschlossen war. Ich setzte mich vor einen Spielautomat und schloss meine Augen. Ich konzentrierte mich auf meinen Geist, auf meinen Körper und auf die Gefühle, die ich in meiner Brust, um mein Herz herum verspürte. Mit geschlossenen Augen machte ich einige geistige Übungen, um mein Herz zu öffnen.

Ich experimentierte ein bisschen, visualisierte Engel, wandte mich an Jesus, ja, ich stellte mir sogar vor, selbst Jesus zu sein. Ich übte mich in Vergebung, erwies mich dankbar für die Gnade, sang wortlose Hymnen, lachte und weinte. Wenn ich dann spürte, wie mein Herz sich geöffnet hatte, warf ich eine Münze in den Spielautomaten und legte den Hebel um. Wenn das Geld herauskam, war es ein Zeichen dafür, dass mein Herz weit geöffnet war. Kam keines heraus, dann hieß das für mich, dass ich mich ein wenig mehr anstrengen musste. Zu verlieren gab es nichts.

Ich entdeckte, wie leicht man sich selbst betrügen kann, wenn man meint, man habe ein offenes Herz und ist doch meilenweit davon entfernt. Vielleicht ist es sogar einen kleinen Spalt geöffnet, wir aber denken, die Tore stünden sperrangelweit offen.

Ich begann, mit einigen anderen Gedanken und Gefühlen zu experimentieren, um herauszufinden, welche davon mir am effektivsten dabei halfen, mir ein offenes Herz zu bewahren. Wenn ich Wertschätzung erfuhr, spuckte die Maschine Geld aus. Und auch wenn ich Dankbarkeit verspürte, war die Maschine der Ansicht, dies sei das Tor zu einem offenen Herzen. Ich war darüber sehr bewegt. Einmal habe ich sogar geweint. Ich bin sicher, jeder, der mich damals dort sitzen sah, musste glauben, ich hätte mein ganzes Geld an den Automaten verloren!

Genug der Experimente, beschloss ich irgendwann! Es war an der Zeit, meine Theorie einem Test zu unterziehen, und zwar anhand eines andauernden Streites, den ich damals hatte. Mit Hilfe eines Spielautomaten entschied ich mich damals, wie ich die Beziehung zu meiner Exfrau weiterführen wollte. Ich begann, ihr alles zu vergeben, was ich mir seit so langer Zeit schon von ihr gefallen ließ. Ich ließ jede kleine Unzulänglichkeit einfach los. Ich fing an, all das an ihr wertzuschätzen, was so außergewöhnlich an ihr war.

Nach 15 Minuten Konzentration fühlte ich, dass ich mein Herz vollkommen geöffnet hatte, also warf ich eine Münze in den Automaten. Ich zog den Hebel. Nichts geschah!

Vielleicht betrog ich mich ja selbst? Ich begann also, tiefer in mich hinein zu schauen. Sicher gab es noch irgendwo kleine Unzufriedenheiten, an denen ich noch immer festhielt. Ich konzentrierte mich also weitere 10 Minuten. Als ich mir sicher war, dass ich mein Herz total geöffnet hatte und bedingungslose Liebe empfand, warf ich eine weitere Münze in den Spielautomaten. Nichts geschah.

„Hm, was ist hier los?"

Dann hatte ich eine zündende Idee: Ich wollte 10% von jedem Gewinn an meine Exfrau abgeben. Das musste einfach ein Beweis dafür sein, dass mein Herz offen war. Also warf ich erneut eine Münze in den Automaten und zog den Hebel. Und wieder geschah rein gar nichts. Also war ich gezwungen, immer tiefer und tiefer zu gehen. Wo hatte ich noch weiteren Ärger vergraben? Warum fühlte ich mich nicht 100%ig voller Liebe?

Liebe ist ein Tätigkeitswort

Schließlich begriff ich, dass das, was ich da Liebe nannte, eine ziemlich passive Sache war. Aber die Liebe ist etwas Aktives, sie verlangt nach Handlung.

Ich begriff auch, dass ich irgendwo tief in mir drin noch immer an meinem Ärger festhielt. Ich konnte zwar *sagen*, dass ich meine Exfrau liebte, aber wollte ich auch *wirklich*, dass sie im Leben immer nur gewinnt? Wollte ich wirklich, dass sie im Überfluss lebte? Wollte ich, dass sie Erfüllung findet, Reichtum und Erfolg? Ich erkannte, dass ich diese Antworten vor mir selbst versteckte. Denn diese Antwort, die ich weit unten in einer dunklen Ecke meines Herzens vergraben hatte, lautete nein. Ich wollte nicht, dass sie gewinnt; nicht so sehr, wie ich selbst gewinnen wollte.

Ein Teil von mir stritt sich noch immer mit ihr. Ein Teil von mir kochte immer noch vor Eifersucht – wie sollte da der Automat auch etwas herausrücken? Wenn ich meiner Exfrau 10% von nichts geben würde, würde sie auch bloß nichts bekommen. Auf komplizierte Art und Weise musste ich feststellen, dass ich ihr eigentlich gar nichts von dem Geld geben wollte, was ich ihr stillschweigend versprochen hatte.

Ich konnte mich selbst ganz gut täuschen, der Spielautomat aber ließ sich von mir nicht hinters Licht führen. Genau wie alles andere im Universum war auch er nur eine Offenbarung Gottes. Wenn ich vor dem Automaten sitze, befinde ich mich in einer egolosen Einheit mit dem Göttlichen. Der Automat besitzt keine Urteilskraft, keine Programmierung, kein hemmendes Ego. Er ist einfach nur ein leerer Spieler, der mir alles zeigt, was hinter meiner Fassade steckt.

Ein Spielautomat treibt mich nicht an, ich kann mir soviel Zeit nehmen, wie ich brauche. Also schloss ich meine Augen und war auf einen Schlag allein mit Gott. Um mich herum war kein Kasino mehr. Ich vernahm keine Automatengeräusche mehr und roch auch keinen Zigarettenrauch, stattdessen war ich an einen ruhigen Ort versetzt.

Und in dieser Stille war ich endlich dazu in der Lage, wahrzunehmen, was mich davon abhielt, meiner Exfrau gegenüber mein Herz zu öffnen. Ich öffnete meine Augen wieder und stellte nun fest, dass ich ihr wirklich wünschte, dass sie im Leben gewinnen sollte. Denn wenn sie nicht gewinnen würde, dann würde auch unsere Tochter Amber niemals gewinnen können. Und wenn Amber nicht gewinnen konnte, dann war das auch für mich nicht möglich.

Also beschloss ich, dass es keine Rolle spielte, was mit dem Spielautomat geschah; ich wollte der Mutter meiner Tochter dabei helfen, dass sie im Leben gewinnen sollte. Ich wollte sie unterstützen; also nahm ich mein Scheckbuch hervor und schrieb ihr eine große Summe gut. Egal, ob der Automat den Gewinn nun ausschüttete oder nicht – ich würde ihr diesen Scheck geben. Eine Münze fiel, der Hebel wurde umgelegt – und heraus kam der Jackpot!

Diesen Scheck zu schreiben, als Akt der Liebe, war das, was mein Herz wirklich öffnen konnte.

In solch einem Moment ist das Wachsam-Sein von ungemeiner Bedeutung. Ich habe in diesem Augenblick damals sehr, sehr genau darauf geachtet, was es war, das mich dazu brachte, mein Herz so weit zu öffnen. Ich wollte niemals wieder vergessen, was ich mir im Leben zum Ziel gemacht hatte. Und ich wollte mir so etwas wie eine Richtlinie schaffen, mit deren Hilfe ich mein Herz in Zukunft leichter öffnen können würde.

So wurde der Spielautomat für mich zu einer Übung, die mich Liebe und Gnade spüren ließ. Ich verwendete diese Methode, um die Schuld aufzuarbeiten, die ich aus meiner Kindheit mit in mein Erwachsensein genommen hatte.

Wenn wir einen Spielautomaten als Bioresonanz benutzen wollen, müssen wir uns als allererstes in der Vergebung üben. Und zwar nicht nur Vergebung gegenüber anderen, sondern auch in der Vergebung uns selbst gegenüber.

Ist es nicht an der Zeit, dass Du all Deine Selbstverurteilungen aufgibst, um endlich das Gefühl zu bekommen, dass Du Liebe, Wohlstand, Gnade und Freude *verdienst*? Wenn nicht jetzt, wann dann?

Du verdienst es, ein Sieger zu sein

Einmal begann ich ein Kasino-Seminar damit, dass ich der versammelten Mannschaft ankündigte, dass wir dann alle zusammen Fallschirmspringen gehen würden. Ich hatte das nur gesagt, um ihre Reaktionen zu beobachten. Die Hälfte der Gruppe war ganz aufgeregt bei dem Gedanken. Sie wussten, dass ihnen nichts passieren würde, sie waren vollkommen frei von Angst. Sie wären niemals auf die Idee gekommen, dass das keine positive Erfahrung für sie sein könnte. Die andere Hälfte der Gruppe aber war völlig schockiert, denn sie bezweifelten, dass sie das sicher überstehen würden. Einige von ihnen glaubten, dass sich vielleicht ihr Fallschirm nicht öffnen würde.

Als wir diese beiden Gedankengänge untersuchten, stellte sich heraus, dass die Menschen aus der ersten Gruppe der Meinung waren, dass sie es verdienten, Freude, Erfolg und Liebe zu erfahren. Folglich waren sie für alles offen, was das Universum zu bieten hatte. Die Menschen der zweiten Gruppe befanden sich Gottes Liebe nicht für würdig. Wie sich später herausstellte, waren sie auch nicht der Meinung, dass sie Wohlstand verdient hätten. Und wie ist das bei Dir? In welcher Gruppe wärst Du gewesen?

Wenn die Menschen nicht empfinden können, dass sie den Überfluss verdienen, dann leben sie in einem Zustand der Angst. Es ist wichtig, dass wir den Gedanken auf die Spur kommen, die unsere Ängste erzeugen. Auf diese Weise können wir herausfinden, warum wir uns als unzulänglich empfinden, weshalb wir den Überfluss, der uns stets umgibt, immerzu wegschieben.

Wahrer Reichtum besteht nicht im Geld. Wahrer Reichtum ist Wohlsein, Sicherheit, Frieden, Freiheit und Leichtigkeit. Diese Gefühle sind ein ganz natürliches Nebenprodukt eines offenen Herzens. Sie sind ein Geschenk der Gnade.

Ist das Herz erst einmal weit geöffnet, wird wahrer Reichtum Dich heimsuchen. Ich habe gelernt, dass meine eigene Geringfügigkeit mich dazu getrieben hat, mein Herz nicht immer offen zu halten. Frei zu sein von dieser Geringfügigkeit und in einem ständigen Zustand der Gnade und der Liebe zu leben – das ist es, was ich immer wollte.

In Las Vegas habe ich mir eine ganz neue Vorstellung von Wohlstand machen können. Jahrelang habe ich geglaubt, dass, wenn ich nur hart genug arbeiten und beständig sparen würde, ich meinen Wohlstand schließlich erreichen würde. Ich war so ein richtiges Produkt des kapitalistischen Systems. Da ist doch die Vorstellung, dass für uns alle jederzeit gesorgt wird, viel schöner. Sicherlich müssen wir trotzdem arbeiten und produktiv sein, allerdings aus einem Gefühl des Überflusses heraus, nicht aus Mangel an irgendetwas. Mit einer solchen Vorstellung von Reichtum kann man ganz entspannt sein und Dinge wie Geborgenheit, Sicherheit, Frieden, Freiheit und Gelassenheit empfinden – den wahren Reichtum nämlich.

Wenn Du mit dieser neuen Vorstellung einmal vertraut geworden bist, dann brauchst Du auch keinen Spielautomaten mehr, um herauszufinden, ob Du Dein Herz nicht wieder einmal verschlossen hast. Denn dann lebst Du nach Deinem Herzen und nicht mehr mit dem Kopf, und dann kennst Du bereits den Unterschied. Du wirst dann schon an Deinem Körper merken können, ob Dein Herz gerade geöffnet oder verschlossen ist. Wenn Dein Körper angespannt ist, dann bist Du bei Deinem Kopf. Bist Du aber bei Deinem Herzen, dann ist auch Dein Körper entspannt. Also lerne, gut auf die Signale Deines Körpers zu hören und so Dein Herz immer weit offen zu halten. In dem Moment, in dem Du Dir bewusst wirst, dass Du nicht bei Deinem Herzen bist, machst Du gleichzeitig den ersten Schritt dorthin zurück.

Spielautomaten sind nur eine der Möglichkeiten, mit deren Hilfe man Gnade erfahren kann. Du wirst bald feststellen, dass es unzählige solcher Möglichkeiten gibt, wenn Du nur Deine Augen dafür offen hältst.

Liebe heißt die Antwort

Ich arbeite nun schon viele Jahre daran, mein Herz immer offen zu halten. Ich möchte ein kleines Szenario wiedergeben, das verdeutlicht, wie das Ganze funktioniert. Eines schönen Tages fuhr ich mit dem Auto durch die Gegend, ich fühlte mich ganz besonders gut und erhaben. Mein Herz war offen – die Welt schien mir einfach wunderbar.

An einer Tankstelle machte ich Halt. Ehe ich tankte, ging ich hinein, denn ein Schild bedeutete mir, dass ich meine Karte vor dem Tanken abgeben sollte. Also gab ich meine Kreditkarte ab und ging wieder hinaus, um voll zu tanken. Als ich wieder hineinkam, sagte mir die Angestellte, dass sie keine Kreditkarten annähmen, sondern nur EC-Karten.

Sofort sah ich mich in eine feindliche Haltung wechseln. Ich wollte gerade die Angestellte anfahren, „Und was ist, wenn ich keine EC-Karte habe? Konnten Sie mir das nicht vor dem Tanken sagen, dass Sie keine Kreditkarten nehmen?“ Zum Glück vernahm ich die Stimme der Gnade, bevor ich loslegen konnte, „Willst Du wegen dieser Lappalie Dein Herz verschließen?“ Die Antwort war eindeutig: natürlich nicht! Ich sagte also nichts, griff in meine Brieftasche und zahlte bar.

Je mehr Du in einem Zustand von Liebe, Gnade und einem offenen Herzen zu leben beginnst, desto schwerer wird es für Dich, mit einem verschlossenen Herzen zu leben. Sobald Du begreifen lernst, dass keine Sache der Welt es wert ist, dass Du Dein Herz verschließt, wird sich Dein Leben durch die Liebe verändern. Du musst einfach nur gut darauf Acht geben, dass Dein Herz immer offen ist.

Es wird immer einige negative Situationen im Leben geben. Manche davon sind nicht der Rede wert, wie zum Beispiel die schusselige Angestellte. Andere dagegen, wie der Tod eines geliebten Menschen, Krankheit oder Ungerechtigkeit können eine Traurigkeit auslösen, die unüberwindbar erscheinen mag. Die meisten dieser Situationen kannst Du nicht beeinflussen, aber Du kannst durchaus beeinflussen, wie Du auf sie reagieren wirst. Wenn Du Dich dafür entscheidest, auf alles mit einem offenen Herzen zu reagieren, dann kannst Du den Himmel auf Erden haben, trotz der ganzen scheinbaren Mängel.

Ich war viele Jahre lang wütend und verzweifelt wegen eines Autounfalls, der mein Leben körperlich für immer verändert hat. Heute begreife ich, dass mir diese schwierige Erfahrung gegeben wurde, damit ich zu dem werden kann, der ich gerade werde. Ich bin dankbar für diesen Unfall. Er hat mich schließlich zu einem weitaus spirituelleren Menschen gemacht. Und indirekt hat mir dieser Unfall auch gezeigt, welche grundlegenden Lehren das Leben doch bereithält.

Wie ist es nun möglich, sich selbst in diesen Zustand von Dankbarkeit und Akzeptanz zu bringen? Meistens ist das nicht so schwierig. In manchen Situationen, wie dem Tod eines Kindes zum Beispiel, wird es jedoch so schwer, dass es Jahre dauern kann, um dieses Gefühl zu erreichen. Ich gebe Dir nun ein paar Werkzeuge in die Hand, mit denen Du Dein Herz leichter offen halten kannst.

Sende ganz bewusst Deinen Segen an andere Menschen. Setze Dich ruhig hin, schließe Deine Augen, visualisiere das Gesicht der Person, die Dir wehgetan hat, und schicke ihr ganz bewusst Liebe und Segnung.

Oder schließe Deine Augen und visualisiere Dein Herz. Visualisiere, wie es größer und größer wird, wie es schließlich so groß ist, dass es den Raum umschließt, in dem Du Dich gerade befindest. Dann mach es noch größer, so dass es die ganze Nachbarschaft einschließt. Und schließlich lass Dein Herz so groß werden, dass es den ganzen Planeten umarmt. Während Du das tust, wirst Du merken, dass eine jede Situation sich von der Liebe einnehmen lässt. Visualisierung ist eine mächtige Technik; durch sie wird es möglich, im Gehirn die chemischen Veränderungen zu veranlassen, die Dir auch eine bessere physische Verfassung einbringen werden.

Walk Your Talk

Lass Deiner Entscheidung, Dein Leben zu verändern, Taten folgen! Erstelle eine Liste von den Dingen, für die Du dankbar bist. Und eine weitere Liste von allem, was Du vergeben willst. Vergib Dir selbst. Sammle den Müll von der Straße auf. (Ich garantiere Dir, danach wirst Du schon viel zufriedener mit Dir sein.) Je mehr Du Deine Philosophie in die Tat umsetzt, desto mehr wirst Du spüren, dass Du geliebt wirst, umsorgt wirst und ein verantwortliches Mitglied der Schöpfung bist.

Rationales Verstehen allein reicht nicht aus. Das ist wie beim Autofahren mit Kupplung: man kann dutzende Bücher darüber lesen, doch wirklich begreifen, wie es funktioniert, kannst Du erst dann, wenn Du schließlich hinterm Steuer sitzt. Erst, wenn Du Dein theoretisches Verständnis in die Tat umsetzt, wird aus Verstehen Begreifen.

Ein Motto von Sportlern ist es immer: „Versuchs, bis Du es schaffst!" Dasselbe Motto kannst Du auf Deinem spirituellen Weg geltend machen. Sage Dir selbst, dass Du Dir nun eine Zeitlang keine Sorgen um Geld machen willst; vertraue darauf, dass Dein Leben immer voller Überfluss steckt. Du wirst bald merken, dass diese Art zu denken Frieden und Gelassenheit mit sich bringt.

Wenn Du die Gnade spürst, die sich beständig durch Dein Leben zieht, vergiss nicht, Dich dafür zu bedanken. Bringe ein stetes Gefühl der Dankbarkeit in Dein Leben.

Es werden Dir immer wieder Prüfungen gestellt werden in Deinem Leben, die Dir verdeutlichen, wie voller Reichtum, Gnade und Liebe es ist. Das sind Deine persönlichen kleinen Herausforderungen. Das Leben sollte nicht immer all zu einfach sein. Schließlich sind es die Herausforderungen, an denen wir letztendlich wachsen. Wenn Du nicht bereit bist, Dich ein bisschen anstoßen zu lassen, dann wirst Du auch niemals herausfinden, wie weit Du gehen kannst ... und wie sehr Du wachsen kannst.

Wie Jesus schon sagte, ist es nicht schwer, Menschen zu lieben, wenn sie nett zu Dir sind. Die Herausforderung liegt eher darin, Menschen zu lieben, die nicht so nett zu Dir sind.

Wenn Du Geld auf der Bank hast, ist es leicht, Vertrauen zu haben. Die Herausforderung liegt darin, dasselbe Gefühl von Reichtum und Sicherheit empfinden zu können, wenn sich der Betrag auf dem Konto gegen Null bewegt ... Denk daran: alles befindet sich in einem Kreislauf. Ein Pendel kann nur soweit in eine Richtung schwingen, wie es in die entgegengesetzte Richtung zurück schwingen wird.

Du suchst Dir die Erfahrung aus, die Du in jeder beliebigen Situation machen willst. So braucht es zum Streiten zum Beispiel immer zwei Leute. Wenn sich eine Person bewusst entscheidet, nicht mitzumachen, dann kann auch kein Streit zustande kommen.

Sei wachsam! Sei wachsam! Sei wachsam!

Die Fähigkeit, selbst bewusst entscheiden zu können, welche Erfahrung man machen möchte, erwächst aus dem Wachsam-Sein. Natürlich wird es Momente geben, in denen das nicht so gut klappt. Du denkst, dass Du wachsam bist und trittst im nächsten Moment in einen Haufen Hundescheiße. Anstatt Dich darüber zu ärgern, solltest Du Dir einfach sagen, „Oh, das soll mich an etwas erinnern. Ich muss etwas wachsamer sein, wenn ich die Straße entlang gehe.“ Das ist eine Möglichkeit zu sagen, „Danke, dass ich daran erinnert wurde, wachsam zu sein.“

Wenn Du Deine Vorstellungen veränderst, kann alles Mögliche zu einem Werkzeug des Wachstums werden. Sogar Hundescheiße.

Es ist nie zu spät, ein Leben in Liebe zu führen

Ein Stein kann zehn Millionen Jahre lang am Grunde eines Flusses gelegen haben, und dennoch, wenn Du ihn herausholst und in die Sonne legst, wird er in fünf Minuten trocken sein. Wenn Du einen trockenen Stein vom Ufer nimmst und ihn nur zwei Sekunden lang ins Wasser hältst und ihn dann wieder zum Trocknen niederlegst, dann werden nach wenigen Augenblicken die beiden Steine nicht mehr voneinander zu unterscheiden sein. Der Stein, der zehn Millionen Jahre lang nass gewesen ist, ist nun ebenso trocken, wie der, der nur zwei Sekunden im Wasser war.

Deine Zukunft spiegelt nicht Deine Vergangenheit wider. Es spielt gar keine Rolle, wie lange Du ein Leben ohne Liebe geführt hast. Sobald Du die Absicht hast, Deine Vorstellungen zu überarbeiten, in diese neue Art des Seins eintauchst, kann sich die Qualität Deines Lebens für immer verändern. Eine neu entdeckte Liebe ist nicht anders, als die Liebe eines Menschen, der damit schon jahrzehntelang lebt.

Je mehr Liebe Du gibst, um so mehr hast Du davon. Deinen Vorrat an Liebe wirst Du niemals erschöpfen können. Wenn Du in Deiner Hand eine brennende Kerze hältst, dann können hunderte Menschen mit ihren Kerzen zu Dir kommen, sie in Deine kleine Flamme halten und mit einer eigenen brennenden Kerze wieder gehen. Und selbst nachdem Du Dein Licht mit hundert Menschen geteilt hast, ist es noch längst nicht erloschen.

Der Entwicklungseffekt

Buckminster Fuller hat etwas beschrieben, was er selbst als den Entwicklungseffekt bezeichnet. Man begibt sich auf eine Reise, die sich jedoch zu einer vollkommen anderen Reise entwickelt, als es geplant war.

Stell Dir vor, Du stehst früh morgens auf, kochst Dir einen Kaffee und stellst fest, dass Du keine Kaffeesahne mehr hast. Also setzt Du Dich in Dein Auto und fährst in einen Laden, um dort welche zu kaufen. Auf dem

Weg dorthin erblickst Du plötzlich einen wunderschönen Regenbogen, der sich über den ganzen Himmel erstreckt. Das berührt Dich so tief, dass Du mit Deinem Auto an die Seite fährst und anhältst, damit Du den Anblick richtig auskosten kannst.

In diesem Moment bemerkst Du neben der Straße eine Wiese voller Wildblumen. Und das ist so ergreifend, dass Dir sofort ein Gedicht in den Sinn kommt. Also nimmst Du Stift und Papier, gehst auf diese Wiese hinaus, setzt Dich hin und beginnst, ein Gedicht zu schreiben. Stunden vergehen, bis Dir plötzlich einfällt, dass Du ganz vergessen hast, Deine Kaffeesahne zu kaufen.

Als Du Dich ins Auto gesetzt hattest, warst Du der Meinung, dass Du nur Kaffeesahne kaufen fährst. Eigentlich aber solltest Du auf eine Wiese fahren, damit Du ein Gedicht schreiben könntest.

Der Entwicklungseffekt macht deutlich, dass wir niemals wirklich wissen, wohin wir gerade gehen. Deshalb ist es so wichtig, auf allen Wegen wachsam zu sein, denn das Universum beschenkt Dich an den ungewöhnlichsten Orten und in unerwarteten Momenten.

Schmerz kann Gnade offenbaren

Vergiss Deine Vorstellung davon, auf welche Weise sich die Gnade Dir zeigen wird. Manchmal wird sie Dir als Schmerz begegnen. Viele meiner emotionalen Schmerzen, waren eigentlich gute Schmerzen. Sie waren emotionaler Müll, den ich lange, lange Zeit tief in meinem Inneren vergraben hatte. Als ich mich entschloss, zu wachsen, kam all dieser Schmerz nach oben. Und es war notwendig, dass ich ihn erfahren musste, als er kam.

Wenn Dir etwas Ähnliches geschieht, dann verdränge den Schmerz nicht wieder, wenn er herauskommt, denn dann wirst Du ihn niemals loswerden. Ein bisschen ist er wie ein Kanister altes Maschinenöl. Stell Dir mal vor, man würde klares Wasser in diesen Kanister schütten. Dann kommt plötzlich all dieses schmutzige alte Öl wieder an die Oberfläche. Wenn es an die Oberfläche steigt, ist es auf dem Weg hinaus aus dem Kanister. Wenn Du nur lange genug Wasser in diesen Kanister gießt, wird das Öl irgendwann herausgelaufen und verschwunden sein. Wenn Du das Öl aber herunterdrückst, weil Du es nicht sehen willst, dann wird es weiter im Kanister drin bleiben. Du musst es an die Oberfläche lassen, ehe es heraustreten kann.

Schmerzen zuzulassen ist schwer. Du willst an Dir arbeiten, Dich auf Licht und Liebe konzentrieren, und dann findest Du Dich plötzlich in solchen Schmerzen wieder, dass es fast unerträglich ist. Du bist auf der Suche nach Freude und Heilung; wenn da plötzlich Schmerzen aufkommen, bist Du natürlich verwirrt. Doch rufe Dir ins Gedächtnis, dass der Schmerz auch ein Teil des Prozesses sein kann. Also lass zu, dass er hochkommt, erlebe ihn voll und ganz, und befreie ihn aus Dir.

Die Kraft zu entscheiden

Nun hoffe ich, dass Du Dich dafür entscheidest, mit einem offenen Herzen zu leben. Erkenne, dass allein schon in dieser Entscheidung eine gewaltige Kraft steckt. Es ist dabei nicht von Bedeutung, weshalb Du die Entscheidung triffst, seien es Beziehungen, Geld oder die Karriere, denn sobald Du sie getroffen hast, hast Du bereits Deinen Biocomputer neu programmiert.

Eine Entscheidung zu treffen, ist in etwa so, als malte man eine Linie in den Sand: Du kannst Dich nur auf einer Seite der Linie befinden. Spirituelles Wachstum beginnt mit der Entscheidung dafür.

Die Aussicht darauf, seine ganzen Vorstellungen zu erneuern, kann vielleicht etwas erschreckend wirken. Als meine Tochter Amber gerade fünf Jahre alt war, wollten wir uns von einer 70 m hohen Klippe abseilen. Als wir gerade starten wollten, da sagte sie: „Daddy, ich habe große Angst“ und begann zu weinen.

Ich sagte zu ihr: „Schatz, Du musst das nicht machen.“

Darauf antwortete sie mir ganz würdevoll: „Daddy, ich sagte, dass ich Angst habe, nicht, dass ich es nicht machen will.“

Amber hörte zu weinen auf und stieg die Klippe hinab. Später erzählte sie mir, dass dieser Abstieg eines der großartigsten Dinge war, die sie je getan hatte. In einem sehr frühen Alter hatte sich meine Tochter entschieden, ihr Potential voll auszuschöpfen. Sie nimmt Risiken auf sich und akzeptiert Herausforderungen. Oft geht sie weit über das hinaus, was ihr angenehm wäre, auch dann, wenn es sie erschreckt. Diese Weisheit und diesen Mut in meiner Tochter zu erkennen, stärkt mich selbst ungemein.

Mögest auch Du Mut aus dem schöpfen, was Amber mich gelehrt hat: „Nur weil ich Angst habe, heißt das nicht, dass ich es nicht tun werde.“

Übung

Schließe Deine Augen. Visualisiere Dich selbst, wie Du an Deinem Schreibtisch sitzt und Deine Rechnungen zahlst. Lasse die Augen geschlossen und stelle Dir vor, wie Du Dich umdrehst und eine magische Treppe erblickst, die abwärts führt, direkt zu einer verschlossenen Tür. Stelle Dir vor, wie Du die Stufen hinabsteigst. Öffne die Tür und geh durch sie hindurch. Du befindest Dich nun an einem heiligen Ort. Spüre die Wärme dieses Heiligtums auf Deiner Haut. Lausche der Stille. Fühle die Aura des Heiligen überall um Dich herum.

Jetzt öffne die Augen wieder und erinnere Dich an das Gefühl, das Du in jenem Heiligtum wahrgenommen hast. Erkenne den Unterschied in den Gefühlen, die Du beim Zahlen der Rechnungen und an dem heiligen Ort gespürt hast.

Mache Dir bewusst, dass verschiedene physische Empfindungen Dich heimsuchen, wenn Du in Deinem Kopf oder aber in Deinem Herzen bist. Mache Dir diesen Unterschied klar, damit Du Dich in den folgenden Tagen selbst beobachten kannst. Sei ganz ehrlich mit Dir selbst und sieh Dir zu, wie viel Deiner Zeit Du in Deinem Kopf verbringst und wie viel davon in Deinem Herzen.

Bretter und Steine mit bloßen Händen zertrümmern

Die Grenzen des Egos überschreiten

Unsere Selbstwahrnehmung bestimmt unser Verhalten.
Wenn wir glauben, wir wären klein ...
dann benehmen wir uns auch so.
Wenn wir glauben, dass wir großartig wären ...
dann benehmen wir uns so.

- Marianne Williamson -

Virginia nahm an einem meiner Höchstleistungsseminare teil. Sie war siebzig Jahre alt, zerbrechlich und zitterte ein wenig. Mit Hilfe einiger Techniken aus diesem Buch war sie nach einer ungefähr zehnminütigen Einweisung in der Lage, mit ihrer bloßen Hand einen Ziegelstein zu zerschlagen.

Ich lehre die Menschen, mit ihren bloßen Händen Bretter und Ziegelsteine zu zerschlagen, um ihnen zu demonstrieren, wie sehr unser Ego uns ständig begrenzt. Das Ego würde uns wohl sagen, dass nur jemand, der sehr gut im Kraftsport trainiert ist, in der Lage sein kann, Bretter oder Ziegelsteine zu zertrümmern. Bevor sie den Ziegelstein zerschlagen hatte, hatte sich Virginia bereits an einem Brett versucht, was natürlich etwas einfacher war. Als sie sich nun dem Ziegelstein zuwandte, zögerte sie. „Ich weiß nicht, ob ich das schaffe“, begann sie, „aber ich versuche es.“

In diesem Moment offenbarte sich, auf welche Weise sich das Ego in die Höchstleistung und in den anschließenden Erfolg einmischt. Aufgrund seiner Programmierung wollte Virginias Gehirn, ihr RAS, ihr Ego bestimmen, wie sie diese Situation wahrnehmen und auf sie reagieren sollte. Diese Reaktion des Egos würde dann auch bestimmen, wie viel Energie ihr zur Verfügung stünde.

Das Ego kontrolliert die Energie. Nehmen wir zum Beispiel einen Mann, der vollkommen erschöpft von der Arbeit nach Hause kommt. Der hat keine Energie. Ein Freund ruft ihn an und bittet ihn, ihm beim Umstellen seiner Möbel behilflich zu sein. Darauf antwortet unser Mann, „Nicht heute Abend, ich hab keine Energie dafür." Wenige Augenblicke später ruft ihn seine Freundin an und erzählt ihm, dass sie spontan eine Party schmeißt und anschließend die Nacht mit ihm verbringen möchte. „Ich bin gleich da", antwortet er da sofort.

Wenn wir eine Aufgabe ablehnen, dann begrenzt unser Ego unser Maß an Energie. Tritt aber etwas Willkommenes in unser Leben, dann ist das Ego plötzlich imstande, ein großes Potential an Energie zu offenbaren. Die erste Antwort unseres Mannes war hundertprozentig die Wahrheit. Er hat nicht gelogen. Er hatte einfach keine Energie.

Das RAS entspricht ungefähr einer Computer-Software. Frei nach dem alten Programmierer-Grundsatz GIGO (garbage in, garbage out), spiegeln sich die Veränderungen in Deinem RAS, Deiner Wahrnehmung, Deiner Lebensqualität wider – positiv oder negativ. Virginia musste erkennen, dass das Wort *versuchen* Raum für ein Fehlschlagen lässt. Versuchen ist ein Versuch, aber kein Ergebnis. Ihre Gedanken waren von Zweifeln erfüllt. Wenn sie den Ziegelstein in diesem Zustand hätte zerschlagen wollen, hätte sie sich mit Sicherheit die Hand verletzt.

Dadurch, dass sie wachsam war und ihre Reaktionen als Beobachterin des eigenen Egos wahrnahm, erkannte Virginia, wie ihr Ego Einfluss darauf nahm, auf welche Weise sie dem Ziegelstein gegenüber stand. Genauso wie alle anderen Beispiele von Hindernissen – Nadeln und Kohlenteppiche – so ist auch der Ziegelstein nur eine Metapher. Er steht für jede Situation in Deinem Leben, in der Du nicht 100%ig bei der Sache bist oder zurückschreckst, weil Du eingeschüchtert bist. Mit etwas Wachsamkeit wird der Ziegelstein reduziert auf ein einziges Hindernis zwischen Dir selbst und Deinem Ziel. Und das ist keine negative Situation. Es ist lediglich eine Herausforderung.

Prüfe Deine Programmierung

Wenn Du Dich einer Herausforderung stellst, ist der erste Schritt, Dir bewusst zu machen, mit welcher Programmierung Dein RAS gerade läuft. Wenn Du Angst erkennst, dann freue Dich darüber, dass Du die Chance hast, herauszufinden, wie Deine Angst aufgebaut ist. Denn so kannst Du daraus etwas Konstruktives machen. Wenn Du die Existenz Deiner Ängste verleugnest, verpasst Du den ersten Schritt auf Deinem Weg, sie zu besiegen. Wie willst Du etwas besiegen, dessen Existenz Du gar nicht erst anerkennst?

Wenn Du dann Deine Angst annehmen kannst, stoppe Dein einschränkendes Programm. Das kannst Du ganz einfach machen, indem Du es anschreist: „Halt die Klappe!" Du kannst dabei innerlich wie äußerlich schreien. (Es handelt sich nämlich um eine stimmerkennende Software – eine Tastatur benötigst Du nicht!)

Schließlich musst Du eine neue Programmierung entwerfen, mit der Dein Ego fortan arbeiten soll: „Ich kann das! Ich werde das schaffen! Ich muss das schaffen!" Virginia begann damit, ihre Hand zu visualisieren, wie sie sich 20 cm unter dem Ziegelstein befand. Und darin liegt das Geheimnis. Wenn das Ziel unter dem Ziegelstein liegt, also hinter der Herausforderung, und Du Dir im Klaren darüber bist, dass dazu 100% Deiner Kraft vonnöten sind, dann stehst Du der Herausforderung mit absolutem Selbstvertrauen gegenüber. Und das befähigt Dich, all Deine Kraft darauf zu verwenden, Deine Faust in diese Position zu bringen – auf die andere Seite des Ziegelsteines nämlich.

Wenn Du dem Ziegelstein mit dem geringsten Zweifel gegenüberstehst, dann wirst Du natürlich Deine Hand langsamer auf ihn niedergehen lassen. Schließlich willst Du ja Deine Hand nicht verletzen (egogedacht). Aber genau das ist der Punkt: wenn Du langsam zuschlägst oder zögerst, dann wirst Du Deine Hand mit Sicherheit verletzen und den Ziegel nicht zerbrechen. Dieser Test mag Dir vielleicht übermäßig kraftaufwendig erscheinen, aber das ist er gar nicht. Wenn Du den Ziegel genau in der Mitte triffst, dann ist gar nicht so viel Körperkraft notwendig, wie Du wahrscheinlich glaubst. Wenn Du mit einem kraftvollen Schlag auf sein Zentrum schlägst, dann scheint sich der Ziegel buchstäblich zu teilen, und es fühlt sich eher danach an, als ob Deine Hand durch etwas hindurchgeht, als in etwas hinein.

Mit vollster Konzentration und Entschlossenheit schaffte es Virginia schließlich, ihren Ziegelstein zu spalten, indem sie einmal kräftig mit der Handfläche zuschlug.

Wie sogar Kinder Bretter zerschlagen

Auch in Schulen demonstriere ich anhand von Brettern, wie kraftvoll eine Neuprogrammierung des Egos sein kann. Das einzige Risiko dabei sind ein paar Kratzer oder kleine blaue Flecken, wenn eines der Kinder nicht kräftig genug zuschlägt und das Brett nicht zerbricht. Außerdem habe ich in Schulen immer ein kleines Ritual parat, das jedem Kind ermöglicht, sein Gesicht zu wahren. Dabei nehmen wir ein Hilfsmittel zur Unterstützung dazu. (Kein Brett hält einem Hammerschlag stand!)

In einer fünften Klasse hatten es einmal sämtliche 24 Schüler geschafft, das Brett mit ihrer bloßen Faust zu zertrümmern – mit Ausnahme von Jenny. Jenny war ein schüchternes, verschlossenes, dünnes Mädchen mit herabhängenden Schultern. Als ich die Bretter austeilte, weigerte sie sich, auch eines zu nehmen.

Nachdem alle anderen ihre Bretter bereits zerschlagen hatten und ich Jenny gut zugeredet hatte, nahm sie schließlich auch ein Brett. Ihre Klassenkameraden waren ganz außer sich vor Freude über ihren Erfolg und steckten Jenny mit diesem guten Gefühl geradezu an. „Wir sind alle bei Dir, Jen“, sagte einer der Jungen. „Versuch es wenigstens einmal“, meinte ein anderer. Daraufhin griff ich jedoch sofort ein und gab Virginias Geschichte und die Moral daraus zum Besten: *Nicht versuchen, einfach tun!*

„Ich weiß aber, dass ich es nicht schaffen werde“, warf Jennifer ein. Also erzählte ich noch etwas mehr über das RAS und die Programmierung. Wenn Du sagst, „Ich kann nicht“, dann bist Du so programmiert, dass Du Dich niemals für fähig halten wirst, auf irgendeinem Gebiet zu bestehen. Und deswegen wirst Du das Gebiet auch gar nicht erst betreten. Mit dieser Programmierung kannst Du natürlich nichts von dem schaffen, von dem Du beschlossen hast, dass Du es nicht kannst.

Ich sagte zu Jenny, dass ich ihr niemals vorgeschlagen hätte, diese Herausforderung anzunehmen, wenn ich nicht ganz fest davon überzeugt gewesen wäre, dass sie es schaffen könnte. Ich gab ihr die Chance, sich aus der Situation zurückzuziehen, ohne ihre Würde zu verlieren, indem ich sagte, „Ich weiß, dass Du das schaffen kannst, Jenny. Und sobald Du das auch weißt, dann wirst Du es auch schaffen. Vielleicht ist heute einfach nicht der richtige Tag dafür. Wer weiß."

Doch da stand Jenny auf, ging in die Mitte des Raumes, wo zwei Steinblöcke standen, legte ihr Brett darauf und schmetterte es in Stücke mit ihrer bloßen Hand. Ihre Klassenkameraden brachen in unglaubliches Jubeln aus. Sofort veränderte sich Jennys Haltung. Die herabhängenden Schultern strafften sich und entspannten sich in einer aufrechten, offenen Haltung, sie streckte ihre Brust heraus und ihr Kinn nach oben. Und sie lächelte so glücklich, dass ihr ganzes Gesicht wie verwandelt schien.

In diesem Moment verschwand für die kleine Jenny ein ganzes Leben voll falscher Programmierung – durch eine kurze, direkte Erfahrung.

Wie uns die Geschichte des Seiltänzers bereits verdeutlicht hat, lassen wir uns zuerst auf das Glauben ein, danach auf das Vertrauen und erst dann auf die Handlung. Die meisten Menschen, mit denen ich arbeite, befinden sich bereits im Glauben. Jenny jedoch hat eine außergewöhnliche Entwicklung gemacht, denn sie war noch nicht einmal im Glauben, als ich ihr begegnete.

Nach Zweifeln suchen

Bevor sich mein Leben auf diese einzigartige Weise verändert hatte, war ich schwierigen Herausforderungen immer mit Zweifeln gegenübergetreten. Für gewöhnlich sagte ich mir selbst: „Ich kann dieses nicht... Ich kann jenes nicht..."

Nachdem ich langsam begriffen hatte, dass mein Ego mich eingrenzte, machte ich mir zum Grundsatz, dass ich alles kann! Auf diese Weise habe ich mein RAS neu programmiert. Und dennoch, ich gehe noch lange nicht durch jedes Feuer und beschließe auch ab und zu, mich der Herausforderung nicht zu stellen. Zu diesem Prozess gehört es, zu erkennen, dass Du jedes Mal als andere Person aus einer solchen Herausforderung zurückkehrst. Es liegt in unserer Natur, dass wir uns verändern, und so scheint es mir nicht immer passend, heute etwas zu tun, das ich nur vor drei Tagen hätte tun können.

Wenn sich Dir eine Herausforderung stellt in Deinem Leben, dann stelle Dir immer verschiedene Szenen damit vor. Sieh Dich selbst die Herausforderung annehmen, aber sieh auch, wie Du sie ablehnst. Nimm Deinen Körper *bewusst wahr*! Finde heraus, wann Dein Körper besonders entspannt ist und folge der Szene, die diese tiefe Entspannung hervorgerufen hat. So wirst Du nur noch Entscheidungen treffen, die von Erfolg gekrönt sein werden.

Übung

Halte ein 2,5 kg Gewicht in Deiner ausgestreckten Hand. Dein Arm soll dabei steif sein wie ein Brett, und das Gewicht soll auf Deiner nach oben geöffneten Handfläche liegen. Sage Dir selbst: „Mein Arm ist aus Stahl. Das Gewicht in meiner Hand ist leicht wie eine Feder. Ich könnte es ewig hochhalten. Ich bin stark. Ich bin kompetent. Ich bin toll."

Miss die Zeit. Wie lang kannst Du das Gewicht so halten?

Warte einen Tag ab. Dann wiederhole den Vorgang. Dieses Mal sage Dir aber negative Dinge, wie z. B.: „Ich bin schwach. Ich bin ein Drückeberger. Dieses Gewicht ist sogar noch schwerer als es aussieht. Ich bin ein Versager." Miss wieder die Zeit.

Du wirst sehen, dass es einen deutlichen Unterschied gibt in der Zeit, die Du das Gewicht halten konntest, als Du positive Gedanken hattest und der, in der Du negative Dinge gedacht hast.

Üble Gerüche...

Sich von Meinungen befreien

Um den universellen und alles durchdringenden Geist der Wahrheit zu erkennen, muss man das Schlimmste der Schöpfung lieben können, wie man sich selbst liebt.

- Mahatma Ghandi -

Sengtsan, der dritte chinesische Patriarch des Zen, soll einmal gesagt haben:

> *Für die, die ohne Vorlieben sind, ist der Große Weg nicht schwer zu gehen. Wenn es weder Liebe noch Hass gibt, erscheint alles ganz klar und unverhüllt. Mit der geringsten Unterscheidung aber werden Himmel und Erde auf der Stelle getrennt werden. Wenn Du die Wahrheit erkennen willst, darfst Du weder für noch gegen etwas Partei ergreifen. Das, was Du magst, gegen das, was Du nicht magst, aufzuwiegen, ist eine Krankheit für den Geist. Wenn die tiefere Bedeutung der Dinge verborgen bleibt, ist der Frieden des Geistes nutzlos gestört.*

Die Wirklichkeit ist immer nur das, was Du zu ihr machst. Wenn zehn Menschen Zeuge eines Unfalls werden, wird es zehn verschiedene Meinungen darüber geben, was geschehen ist. Ein jeder von ihnen wird seine persönliche Erfahrung innerhalb der Programmierung seines Egos erschaffen. Niemand kann Auskunft darüber geben, was wirklich passiert ist, nur darüber, was er glaubte, was passiert ist.

Nur weil zwei Menschen zur selben Zeit am selben Ort sind, heißt das noch lange nicht, dass sie dieselbe Erfahrung machen. Denken wir noch einmal an Brittany und Abigail, die siamesischen Zwillinge, die ja offensichtlich genetisch identisch sind. Diese beiden befanden sich immer zur selben Zeit am selben Ort. Dennoch sind ihre Persönlichkeiten vollkommen unterschiedlich, denn ihre Bio-Computer sind mit verschiedenen Informationen programmiert, und diese bestimmen, welches Filtersystem ihr RAS konstruiert, durch das sie das Leben wahrnehmen.

Die Zwillinge messen den Dingen verschiedene Bedeutung bei. Sie werden unterschiedliche Erinnerungen entwickeln und somit auch unterschiedliche Ego-Strukturen. Somit entwickeln beide ein eigenständiges Filtersystem und eine eigene Wirklichkeit, in der sie leben. Selbst Brittany kann niemals sicher sein, was ihre Schwester gerade erlebt.

Du erschaffst Deine Wirklichkeit

Niemand kann jemals in die Wirklichkeit eines anderen Menschen eintauchen. Ich hatte einmal einen Mieter, der aus dem Haus, das er von mir gemietet hatte, eine ganze Wand herausriss, ohne mich auch nur zu fragen. Er hatte die Absicht, riesige Fenster einzubauen, die, wie er meinte, die Sicht verbessern und den Wert des Hauses steigern würden. Als ich ihn mit meinem Erstaunen darüber konfrontierte, dass er eine solche Sache durchzog, obwohl in seinem Vertrag stand, dass er nicht einmal eine Wand ohne meine Erlaubnis zu streichen hatte, war er aufrichtig überrascht. In dem Moment wurde mir klar, dass ich mit keiner Pore die Realität begreifen können würde, in der dieser Mann lebte!

Was für den Einen Essen ist, ist für den Anderen möglicherweise Gift. Was für den Einen gut ist, ist für den Anderen schlecht. Urteilen ist so sehr ein Teil von uns, dass die wenigsten von uns sich die Zeit nehmen, diese Funktion des RAS auch nur zu bemerken.

Mach Deinen Freunden ein Geschenk

Wenn Du Deine Bewertung aufgibst, dann ist das ein aufrichtiger Akt des Mitgefühls für die Menschen, mit denen Du tagtäglich zu tun hast.

Nehmen wir einmal die Geschichte des Jungen, der sich eines Verbrechens schuldig machte. Der Vater des Jungen war der Richter dieser Gegend. Vor der Verhandlung sagte die Mutter des Jungen zu ihrem

Mann, „Denk daran, er ist unser Sohn." Der Vater antwortete, „Aber ich bin der Richter!"

Unser geradliniger, rationaler Verstand befindet sich in einem fortwährenden Tanz mit unserem Ego, und das kann uns von unserem Herzen trennen. Das Herz ist Intuition, Liebe und Mitgefühl. Wenn wir über andere urteilen, lassen wir uns von unseren Köpfen statt von unseren Herzen beherrschen. Die Mutter des Jungen zum Beispiel ist ganz Herz, ganz Mitgefühl: „Denk daran, er ist unser Sohn." Der Vater ist Kopf: „Aber ich bin der Richter!" Bewerten und Mitfühlen sind gegenteilige Dinge. Wenn Du also mitfühlend sein willst, höre auf, zu bewerten.

Das Herz gibt uns Liebe, Pflege, Frieden und spirituelles Erwachen. Der Kopf verschafft uns Respekt. Und doch kenne ich Menschen, die gleichzeitig sowohl respektiert als auch gefürchtet werden. Wenn Du zu den Menschen gehörst, die lieber geliebt statt gefürchtet werden wollen, dann höre auf, zu bewerten.

Aus Zitronen kann man Limonade machen

1975 wurde ich ernsthaft verletzt, als mich ein Wagen anfuhr, während ich über die Straße ging. Es hat mich Jahre gekostet, bis ich begreifen konnte, dass meine eigenen Gefühle von Selbstmitleid, Ärger und Wut mir jede Hoffnung auf Frieden verbauten. Schließlich begann ich, damit aufzuhören, meinen Schmerz als die Schuld eines anderen abzuurteilen und betrachtete mich nicht länger als Opfer.

Ich lernte, meine Verletzungen und Schmerzen als Grundlage für Meditationen zu verwenden. Daran konnte ich so sehr wachsen und mein Lebensgefühl verbessern, wie es ohne diesen Unfall niemals möglich gewesen wäre. Der Unfall hat aus mir einen spirituelleren und mitfühlenderen Menschen gemacht. Heute kann ich sagen, dass er das Beste war, was mir hinsichtlich meines spirituellen Wachstums passieren konnte.

Gab es in Deinem Leben einmal eine schwierige Situation, mit der Du Dich gezwungenermaßen auseinandersetzen musstest? Warst Du in der Lage, Deine Wahrnehmung davon zu verändern und sie als Sprungbrett zum Wachstum zu benutzen?

Bewertungen sind wie Rüstungen, die wir uns anlegen – sie begrenzen unsere Lebenserfahrungen, halten uns von so vielen Dingen fern und unterbinden, dass wir uns der Sichtweise eines anderen Menschen nähern können. Sie trennen uns von anderen Menschen und machen den Kreis, der sich um Dein Leben zieht, sehr, sehr klein.

In *Rückkehr zur Liebe* sagt Marianne Williamson:

Manchmal meinen die Menschen, dass sich an Gott zu wenden eine Kraft in unser Leben einlädt, die alles in Ordnung bringen wird. Die Wahrheit aber ist, dass wir damit alles in unser Leben einladen, das uns zum Wachstum bewegt – und Wachstum kann durchaus chaotisch sein. Der Sinn des Lebens ist es, sich der Perfektion zu nähern. In dem Moment, in dem wir uns an Gott wenden, wird sich alles, das uns ärgern könnte auf den Weg zu uns machen. Warum? Weil der Ort, an dem wir uns in den Ärger fallen lassen, statt in die Liebe, unsere innere Wand darstellt. Jede Situation, die uns alarmiert, ist eine Situation, in der wir noch nicht das Vermögen besitzen, bedingungslos zu lieben.

Geist über Materie

Ich habe während meiner Seminare verschiedene Dinge versucht, um den Menschen dabei zu helfen, sich von ihrem Ärger und ihren Bewertungen freizumachen. Am effektivsten funktioniert jedoch das im Folgenden beschriebene besonders extreme Verfahren.

Alle sitzen in einem Kreis zusammen. Dann biete ich der Gruppe eine Herausforderung an: „Prüfe, wie stark Dein Geist ist, wenn er aufhören soll zu bewerten." Und damit reiche ich einen Eimer Hundefäkalien in die Runde. Normalerweise würden die Menschen auf eine solche Erfahrung gerne verzichten, in einer Situation aber, wo das Bewerten „verlernt" werden soll, nehmen die Menschen das als spirituelle Erfahrung an. Die Ergebnisse dabei sind erstaunlich. Die Leute fangen an, den Geruch aus dem Eimer wie den Duft von Lilien oder Rosen wahrzunehmen. Sie behalten den Eimer lange und tun sich regelrecht schwer, ihn weiterzugeben. Für manche Menschen bedeutet dieser Zustand, ohne Bewertungen zu sein, so etwas wie Glückseligkeit – genau wie bei der Nadel.

Eine Freundin von mir, Jana, geht alle paar Jahre nach Peru, um dort von einem eingeborenen Schamanen zu lernen. Bei ihrem letzten Besuch verkündete der Schamane, dass er eine heilige Initiation vornehmen werde.

Zu dieser Zeremonie gehörte es, alle Sachen abzulegen und sich ganz dem Vorgang hinzugeben. Im Dschungel war eine große Grube gegraben worden. Dort hinein waren dann einige Karren voll Dung geworfen worden. Der Schamane nahm dann jeweils eine Person und tauchte sie in dem Dung unter. Dann wurde noch mehr Dung dazugegeben, so dass ein jeder vollkommen damit bedeckt war.

Dann rieb der Schamane den Dung der Person in den Mund, stopfte ihn in ihre Ohren und die Nase, bestrich ihre Augenlider damit. Das alles fand natürlich in einer ausgesprochen ritualisierten Weise voller Gebete statt.

Die Teilnahme an dieser Zeremonie war freiwillig. Die Hälfte der Gruppe wollte nicht mitmachen. Jana befand sich in der anderen Hälfte und nahm daran teil. Du kannst Dir sicherlich vorstellen, welche unglaubliche Überwindung es sie gekostet hat, das zu tun!

Jana sagte, es sei nicht nur anfänglicher Widerstand gewesen; ihr ganzes Inneres wehrte sich vollkommen dagegen. Als schließlich der Dung in ihren Mund gestopft wurde, erkannte sie, dass sie selbst ihre Reaktion wählen konnte. Sie konnte protestieren. Sie konnte spucken oder sich übergeben. Oder sie konnte ihre Bewertung aufgeben, was sie dann auch getan hat.

In dem Moment, als alles schier unerträglich wurde, veränderte sich plötzlich etwas, und Jana hatte den Eindruck, ihren Körper verlassen zu haben. Die Zeit stand still. Farben tanzten vor ihrem inneren Auge auf und ab. Sie hörte nichts. Sie roch nichts. Sie schmeckte nichts. Sie hatte wahrhaftig eine andere Bewusstseinsebene erreicht. Nach einer unbestimmten Zeit zog der Schamane sie aus der Grube heraus und tauchte sie im Fluss unter. Sie kam erst wieder richtig zu sich, nachdem sie im Wasser untergetaucht war. Als sie wieder auftauchte, hatte sich ihre Wahrnehmung davon, lebendig zu sein, vollkommen verändert. Die Farben schienen ihr kräftiger und leuchtender. Die Luft schmeckte süßer. Und sie hatte ein tiefes Gefühl des Wohlbefindens in jeder Zelle ihres Körpers.

Als Jana aus dem Fluss trat, brachte sie kein Wort hervor, denn die Macht ihrer Erkenntnis hatte sie überwältigt.

Am nächsten Morgen versammelte sich die gesamte Gruppe zum Frühstück. Jana bemerkte, dass jene, die nicht an dem Ritual teilgenommen hatten, unnützes Zeugs plapperten. Diejenigen aber, die den Mut gehabt hatten, waren sprachlos, grinsten vor sich hin und glühten in ihrer glückseligen Aura. Sie sagte, es wäre unmöglich gewesen, den anderen, die nicht mitgemacht hatten, mitzuteilen, was genau der Vorgang verändert hatte. Allerdings muss den müßigen Schwätzern klar gewesen sein, dass ihre Kameraden etwas Grundlegendes erlebt haben mussten.

Menschen, die schnell urteilen, sind oftmals engstirnig und neurotisch. Sie begrenzen das, was sie zu erfahren bereit sind, und halten damit ihre Bildung und Entwicklung dramatisch auf. Auch viele Menschen, die behaupten, sie gingen einen spirituellen Weg, die meditieren und Yoga machen, werden manchmal von Neurosen heimgesucht und begreifen nicht, dass ihre eigene verurteilende Natur daran Schuld ist.

Wenn Du nervös bist oder Dich klein fühlst, dann erlebst Du damit ein Nebenprodukt Deiner urteilenden Persönlichkeit. Wenn Du Dich unter Menschen unwohl fühlst, ist Deine Bewertung der Grund dafür. Wenn unbekannte Situationen Dich nervös machen, dann zeigt das, dass Deine Bewertungen immerfort Deine Fähigkeit, spontan und fröhlich zu sein, hemmen.

Die Welt ist wie ein Spiegel. Sie kann Dir zeigen, wie Deine Bewertungen funktionieren, wenn Du nur bereit bist, Deinem Un-Wohlsein die nötige Aufmerksamkeit zu schenken. Du solltest aufhören, vor dem, was Du als unbequeme Situationen bezeichnen würdest, davon zu rennen. Stattdessen solltest Du sie als Möglichkeit betrachten, an Dir zu arbeiten und Dich von Deinen Bewertungen und den Beschränkungen, die sie Dir aufzwingen, zu befreien.

Wahre Liebe bedeutet, alles uneingeschränkt akzeptieren zu können. Diskriminierung und Bigotterie sind das Gegenteil von Liebe, sie sind die Sprösslinge Deiner Bewertungen. In der folgenden Übung sollen die Menschen, die Du beurteilst, Deine Lehrer werden.

Übung

Denke an jemanden, den Du gut kennst und nicht magst. Schreibe den Namen dieser Person auf ein leeres Blatt Papier. Dann schreibe alles auf, was Du an dem Menschen nicht magst – schreibe dabei seinen Namen immer wieder mit auf.

Wenn Du die Liste vervollständigt hast, streiche den oben stehenden Namen durch und setze Deinen eigenen an seine Stelle. Vor jeden Punkt auf der Liste setze nun Deinen Namen an Stelle des Namens der Person, die Du nicht magst. Anstelle von „Ich kann Joe nicht leiden, weil er so ein Versager ist“ steht da nun „Ich mag mich nicht, wenn ich versage.“ Auf diese Weise wird Joe zum Spiegel, der Dir Deine Bewertungen aufzeigt; und zwar nicht nur Deine Beurteilung von anderen, sondern auch die von Dir selbst.

Auch wenn Du noch nicht bereit sein solltest, Deine Bewertungen aufzugeben, so kannst Du doch erkennen, dass sie zu einem gewissen Grade Engstirnigkeit hervorrufen und Deine Lebenserfahrungen einschränken.

Pfeile mit dem Hals zerbrechen

Das Paradoxe widerlegen

Die Welt in einem Sandkorn erkannt;
Und den Himmel in einer Wildblume weich;
Hältst die Unendlichkeit in Deiner Hand,
Und die Ewigkeit wird der Stunde gleich.

- William Blake -

Persönliches Wachstum kann man mit dem Schälen einer Zwiebel vergleichen. Jedes Mal, wenn man eine Schicht weggenommen hat, wird eine weitere darunter sichtbar. Manche Menschen erstaunt es, wenn sie diese Eigenart des Wachstumsprozesses erkennen. Im Allgemeinen gehen wir davon aus, dass wir ab einem bestimmten Punkt einfach „fertig" sind. In Wahrheit ist aber dieser Weg, Deine volle Schaffenskraft zu entdecken, niemals zu Ende. Solange Du am Leben bist, kannst Du auch wachsen.

Wenn Du erst einmal einige Herausforderungen dieses Buches erfolgreich gemeistert hast, dann wirst Du feststellen, dass vieles von dem, was Dir unmöglich schien, nicht nur möglich, sondern auch noch nicht einmal schwierig ist. Denk an Virginia. Bevor sie es tatsächlich getan hat, hätte sie behauptet, es sei unmöglich für sie, mit ihrer Hand einen Ziegelstein zu zerschlagen. Für andere wäre es das vielleicht gewesen, aber nicht für sie. Ebenso hat Jenny erlebt, dass sie ihr Brett mit Leichtigkeit zerschlagen konnte, als sie sich nur dazu aufraffte, es zu tun.

Jede von ihnen hat an diesem Tag ihr RAS neu programmiert. Und die neue Programmierung heißt: Alles ist möglich.

Gibt es Dinge in Deinem Leben, die Du schon immer einmal machen wolltest, über die Du aber gar nicht erst nachgedacht hast, weil Du immer dachtest, dass sie unmöglich seien? Wenn das so ist, dann solltest Du Deine Einstellung ändern, indem Du anerkennst, dass alles möglich ist, wenn Du Dich nur einer höheren Macht verbunden fühlst. Wenn Du Dich der Quelle der Schöpfung unzertrennlich verbunden fühlst in jedem Augenblick, dann ist in der Tat alles möglich!

Als Jesus von seinen Wundern sprach, sagte er: *„Alles, was ich getan habe, werdet auch ihr tun. Und ihr werdet sogar noch größeres tun."*

Ich versuche immer, den Menschen beizubringen, dass sie solche Aussprüche wörtlich nehmen sollten.

Während meiner Forschungen, wie ich den Menschen beibringen könnte, das Unmögliche möglich zu machen, lernte ich eine Praxis der Native Americans kennen. Es heißt, dass einige von ihnen sich das spitze Ende eines Pfeils in den Hals stachen und das gefiederte Ende mit aller Kraft gegen einen Baum drückten. Doch anstatt aufgespießt zu werden und einem qualvollen Tod zu erliegen, zerbrach der Pfeil! *Extreme* Spiritualität!

Das hört sich übernatürlich an. Und auch wenn die Naturgesetze erklären können, aus welchem Grund der Pfeil zerbricht – die Luftröhre kann nämlich weitaus mehr Kraft standhalten als der Pfeil, ehe sie bricht; die Metallspitze ist zwar scharf, so scharf aber nun auch wieder nicht – so kann doch keine Erklärung Dir diese tiefe Ehrfurcht nahe bringen, die Du verspürst, wenn Du zum ersten Mal etwas getan hast, was Du bislang immer für unmöglich gehalten hast.

Als ich mir zum ersten Mal einen Pfeil an den Hals legte, so dass sich die metallene Spitze kalt in das weiche V unter meinem Adamsapfel bohrte, da konnte ich ohne viel Mühe all die Stimmen in meinem Kopf hören. Sie schrieen laut „Unmöglich! Unmöglich!"

Ich sagte also meinem intellektuellen Geist, dass es, wenn es für jeden anderen Menschen möglich war, auch für mich nicht unmöglich sein konnte. Ich führte ein inneres Streitgespräch und sagte mir selbst, dass Gott mich wohl kaum so weit auf meinem Weg hat gehen lassen, nur um mich jetzt zu töten. Doch als ich zu drücken begann, spürte ich nicht etwa, wie der Pfeil nachgab und zu brechen drohte, sondern ein stechendes Unbehagen, noch kein richtiger Schmerz, und da dachte ich: „Oh nein, was passiert jetzt?" Mein rationaler Verstand übernahm die Macht und ich zog mich instinktiv vor der Pfeilspitze zurück.

Also schenkte ich den Stimmen in meinem Kopf mehr Aufmerksamkeit und entdeckte all die klassischen Phrasen, wie „Oh nein...", „Was wenn..." oder „Ich kann nicht..." Laut rief ich ihnen zu, „Haltet die Klappe!" und dann drückte ich mich wieder gegen die Pfeilspitze. Für den Bruchteil einer Sekunde verspürte ich einen Schmerz. Aber durch das Feuer und die Nadeln war ich gut vorbereitet und verspürte ihn eher als kleinen Sonnenbrand denn als verbrannte Füße. Sofort brüllte mein RAS sein altes „Oh nein!", aber mein Bio-Computer gab den neuen Befehl „Oh doch! Dafür habe ich trainiert. Das ist meine große Chance!"

Indem ich meinen Geist veränderte, veränderte sich auch die Reaktion meines Körpers. Ich durchbrach die Ego-Barriere und mit ihr den Pfeil. Das war ein Moment der reinen Ekstase – extreme Spiritualität!

Wir wissen bereits, dass die Positivdenker in einem anderen chemischen Umfeld leben als die Negativdenker. Deine Einstellungen bestimmen, wie stark Dein Körper ist, wie robust Dein Immunsystem und schließlich auch, wie gesund Du bist und ob Du Dich von einer schlimmen Krankheit erholen wirst oder nicht. Und das ist kein philosophischer oder abstrakter Ansatz: es ist ein klarer Fakt!

Mit dem Paradoxen umgehen

Wann immer Du Deine Stärke und Deinen Geist erproben willst, damit er wachsen kann, wird es einen Moment geben, in dem sich die Prinzessin Paradoxon splitternackt in Deinen Weg stellt. Die Metallspitze am Pfeil ist scharf. Es tut weh, sich gegen sie zu stemmen. Aber Du weißt genau, dass Du das hinnehmen musst, wenn Du wachsen willst. Und je mehr Du Dich gegen sie lehnst, desto größer wird auch der Schmerz.

Und da stehst Du nun: die einen Stimmen in Deinem Kopf sagen „Autsch!" und die anderen sagen „Drück!", „Drück!", „Drück stärker!"

„Autsch!" gegen „Stärker drücken!"

Wenn Du dann Deinen letzten Anlauf nimmst, dann drückst Du nicht nur diesen durchaus harten Pfeil in einen der empfindlichsten und weichsten Teile Deines Körpers, sondern Du lehnst Dich auch auf gegen jegliche Begrenzungen, die ein Paradoxon Dir entgegenhält.

Unser Geist ist nicht dafür geschaffen, sich mit Paradoxem auseinander zu setzen. Doch die Großartigkeit, die mit solchen Akten des Wachstums einhergeht, erzeugt auch gleichzeitig eine bleibende, unauslöschliche, lebenslange Bestärkung. Die elektrochemische Welle, die dadurch in Deinem Hirn und Deinem Körper erzeugt wird, wird zu einer Programmierung, die das RAS nie wieder vergessen wird. Dein Gehirn ist dann neu vernetzt.

Lucy und ihr Pfeil

Während eines Seminars in einem Kasino in Atlantic City schaffte es jedes Mitglied der Gruppe, einen Pfeil zu zerbrechen, mit Ausnahme von Lucy. Sie rief der Gruppe zu, „Helft mir! Ich brauche Euch! Helft mir, sonst schaffe ich es nicht!" Und die Leute riefen zurück, „Du schaffst das, Lucy. Wir sind alle bei Dir!" Und trotzdem konnte sie nicht mit 100% ihres Willens und 100% ihrer Stärke drücken.

Der Anlass dieses Seminars war es nicht nur, Pfeile zu zerbrechen, sondern auch, sich selbst zu prüfen. Also verließen Lucy, mein Bruder Barry und ich das Treffen und begaben uns in das Kasino, wo wir mit Hilfe der Spielautomaten herausfinden wollten, was Lucy wirklich hinderte. Noch ehe wir einen Spielautomaten erreicht hatten, sagte Barry zu Lucy, sie wäre genau wie Dorothy im *Zauberer von Oz* – immer auf der Suche nach jemandem, der sie nach Hause bringen würde, obwohl sie allein die ganze Zeit die Macht dazu hatte. Denn schließlich trug sie die roten Schuhe.

Und da machte es irgendwo in Lucy *klick*. Durch Barrys Worte erkannte sie, dass sie immer dann, wenn sie geprüft wurde, sagte: „Ich kann das nicht alleine." Sie begriff, dass nicht nur ihr RAS eine negative Programmierung hatte, sondern dass sie selbst diese auch noch wissentlich veränderte. Also hörte sie auf mit ihrem „Ich kann nicht!" und rief stattdessen „Ja! Ja! Ja! Ja!" Und dabei sprang sie in die Luft und schlug ihre Absätze gegeneinander. Wenn Du Deine Programmierung veränderst, dann ändert sich auch sofort Dein Befinden: ja, man kann es tatsächlich spüren!

Lucy rannte auf einen Spielautomaten zu und rief, „Barry, sieh her." Sie zog den Hebel und holte den Jackpot in Höhe von $ 2.500 heraus. Dann rannte sie zurück in den Seminarraum und zerbrach den Pfeil, noch ehe der Rest der Gruppe zurück war.

Ich bin von Natur aus eher ein Skeptiker und glaubte nicht an Wunder, doch dadurch war ich auch blind dafür und konnte nie ein Wunder erleben. Als ich erkannt hatte, dass mit Gott nichts unmöglich ist und einfache Menschen während meiner Workshops die unglaublichsten Siege erringen sah, erlebe und sehe ich pausenlos Wunder.

Übung

Wurde Dir schon jemals gesagt, dass etwas unmöglich sei, und doch hast Du es geschafft? Rufe Dir das Gefühl des Triumphes und der unbändigen Energie in Erinnerung, die da in Dir frei wurde. Willst Du dieses Gefühl wieder verspüren? Wenn Du das wirklich wieder erleben willst, dann setze Dir ein Ziel – und zwar eins, das Dich stark fordert. Zum Beispiel könntest Du Dir vornehmen, Deine Steuererklärung selbst zu machen, anstatt zu einem Steuerberater zu gehen. Wenn Du normalerweise 3 Monate brauchst, um eine Aufgabe auf Deiner Arbeit zu lösen, nimm Dir vor, es in der Hälfte der Zeit zu schaffen. Wenn Du aus einer unbefriedigenden Ehe davon rennen willst, überlege Dir doch, wie Du sie in eine neue, bessere Richtung lenken kannst.

Schreib alles auf, was Deine inneren Stimmen Dir zur Unmöglichkeit Deines Vorhabens sagen. Zum Beispiel: „Das kann ich nicht schaffen, denn ich habe nur ein Bein." Oder: „Ich kann diese Ehe nicht retten, denn mein Partner liebt mich nicht mehr." Oder: „Ich kann diese Aufgabe nicht bewältigen, denn mir fehlen die Qualifikationen dazu."

Jetzt mache eine neue Liste und verändere jede Zeile der alten Liste:

„Ich habe zwar nur ein Bein, aber ich schaffe das trotzdem!", „Mir fehlen zwar die Qualifikationen, aber die kann ich mir erarbeiten!", und so weiter.

Jedes Mal, wenn Du etwas schaffst, von dem Du dachtest, dass Du es nicht schaffen könntest, wird sich Dein Bild von Dir selbst verändern. Schon bald wirst Du Dich nicht mehr als Verlierer sehen, dessen persönliche Geschichte ihn dazu gemacht hat, sondern Du wirst Dich als Gewinner wahrnehmen, denn Du hast Dir eine neue persönliche Geschichte gegeben. Helen Keller war keine große Persönlichkeit, weil sie ihre Blindheit und Taubheit überwinden konnte. Sie war die, die sie war, *weil* sie taub und blind gewesen ist. Das Paradoxe liegt in der Tatsache, dass sie aus einer scheinbaren Schwäche eine Stärke gemacht hat.

Streben nach Hochleistung

Arbeit als spiritueller Weg

Größe erwächst aus der Demut.

- Martin Luther King, Jr. -

Äußere Arbeit spiegelt das innere Geschehen

Genauso wie sich ein Computer von seiner Software unterscheidet, so bist auch Du nicht eins mit Deiner Programmierung.

Denk an GIGO – garbage in, garbage out! Ein hervorragender Computer kann nicht gut arbeiten, wenn er eine schlechte Programmierung hat. Du magst ja auch ein hervorragender Mensch sein, doch aufgrund Deiner miserablen Programmierung, kommst Du nicht an das, was Du willst; oder bekommst zu viel von dem, was Du nicht willst.

Zur Arbeit zu gehen, kann zu einer wunderbaren Übung in extremer Spiritualität werden für den, der nach Genialität und Perfektion strebt. Wolltest Du nicht schon immer einen Job haben, der Dich so erfüllt, dass Du es gar nicht abwarten kannst, auf Arbeit zu gehen? Du musst nicht den Job wechseln, um eine solche Erfahrung zu machen. Das ist das Schöne an extremer Spiritualität. Du bist die Veränderung, die Du brauchst, und zwar jetzt. Extreme Spiritualität bedeutet, dass Du exakt da weitermachen kannst, wo Du genau jetzt stehst.

Ein Mann, der einen Laden haben wollte, kaufte sich ein Stück Land und baute einen ansehnlichen Supermarkt darauf. Dieser Mann folgte nicht nur seiner Religion, er lebte sie. Seine Angestellten liebten ihn, und er liebte sie. In diesem Laden einkaufen zu gehen, war eine Freude. Die Menschen, die dort arbeiteten, wirkten fröhlich und gutgelaunt. Der Laden war also eine gut gebaute Maschine, die mit einer mustergültigen Programmierung lief.

Nun verkaufte aber dieser Mann seinen Laden und ging in den Ruhestand. Viele der alten Angestellten arbeiteten weiterhin dort, aber ihre Disziplin war nicht mehr dieselbe. Der neue Besitzer kümmerte sich nicht um die Angestellten oder sonstige Details. Ein Einkauf wurde von nun an eine Reise durch die Unfreundlichkeit und Ungenauigkeit. Eine einstmals wunderbare Maschine lief nun mit einer völlig falschen Programmierung. Und das Geschäft ging schnell zugrunde.

Wie könnte nun diese Maschine „repariert" werden? Könnte man diesen Laden nicht mit einer spirituellen Transfusion heilen? Die Herausforderung, diesen Laden wieder umzuwandeln, wird ein leichtes, wenn man bedenkt, dass es ein Spiel ist, bei welchem jeder Spieler gewinnt.

Die meisten der Angestellten sind Christen, die regelmäßig in die Kirche gehen. Es wäre doch ein Leichtes, den ganzen Vorgang mit ein paar grundlegenden christlichen Lehren zu untermauern. Jesus hat gesagt: „Suche nach dem Königreich im Himmel, und alles andere wird Dir gegeben sein."

Deine Arbeit kann der Himmel sein

Das Königreich, von dem Jesus da spricht, ist kein physisch greifbarer Ort, wie Albuquerque. Es ist ein Zustand. Es ist der Prozess, durch den wir Perfektion erstreben und erlangen. „Das himmlische Königreich liegt im Inneren", sagte Jesus.

Auch bat dieser große Lehrmeister, dass wir seine Liebe belohnen sollten, indem wir anderen Gutes täten, so als ließen wir es ihm angedeihen. Diesen Weg zur Perfektion einzuschlagen ist bereits die Ankunft im Königreich. Dieses Königreich ist natürlich die spirituelle Bestimmung, der wir folgen. Es ist das Ende des Leidens. Es ist der Grund dafür, dass wir extreme Spiritualität praktizieren.

Wenn wir mit Hilfe einer extremen Spiritualität unsere Arbeit zu einer spirituellen Übung machen können, dann birgt jeder Tag für uns die Möglichkeit zu wachsen. Bezogen auf unseren Laden würde das bedeuten, dass ein Fleischer dort jedes Steak schneiden könnte, als täte er es für seinen spirituellen Lehrmeister persönlich. Er würde jeden Kunden bedienen, als diente er seinem Gott. Auf diese Weise wird seine Arbeit selbst zu einem Akt der Anbetung.

Der Lohn für den Fleischer liegt auf der Hand. Der Lohn für den Laden ist unbezahlbar. Als Arbeitgeber hast Du damit glückliche Angestellte. Glückliche Kunden hast Du außerdem, denn jeder hat gern guten Service. Und auch der Profit wird nicht kleiner, denn ohne Unachtsamkeit gibt es auch weitaus weniger Verluste.

Perfektion ist eine spirituelle Erfahrung

In einem Team sollte jeder um hervorragende Leistungen bemüht sein, sei er ein Kassierer, ein Eintüter, ein Lagerarbeiter, ein Bäcker oder ein Produktionsarbeiter. Der Gedanke ist der, den Laden selbst zu einem Objekt der Verehrung zu machen. Denn der Laden ist genau wie der Pfeil, das Feuer oder der Ziegelstein eine Metapher für Deine Fähigkeit, Dich einer höheren Macht unterzuordnen.

Dieser Vorgang ist in der Tat etwas sehr genussvolles, und wenn Du merkst, dass Du es nicht genießen kannst, dann solltest Du Dich freuen darüber, dass Du die Möglichkeit hast, daraus etwas zu lernen. Von nun an gibt es in Deinem Leben keine „Probleme“ mehr, sondern nur noch Chancen und Lehren.

Wenn Du als Manager tätig bist, hast Du die Möglichkeit, einer ganzen Menge von Menschen ein ganz neues Gefühl von Glück und Erfüllung näher zu bringen. Auch wenn Du selbständig bist, hast Du die Chance, Dich in Perfektion zu üben. Mach Deine Arbeit zu einem Ausdruck Deiner Einzigartigkeit und zu einer Reflexion Deiner besonderen Fähigkeiten.

Auf zum Hyatt

Einmal durfte ich ein Feuerlaufseminar im Hyatt Regency Hotel in Greenwich, Connecticut, abhalten. Schon als ich die Lobby betrat, hatte ich das Gefühl, dass an diesem Ort irgendetwas Ungewöhnliches war. Im ganzen Raum war eine fast greifbare Freude zu spüren. Die Angestellten schienen regelrecht euphorisch über irgendetwas zu sein, und diese Stimmung übertrug sich auch auf die Gäste. Man konnte sich gar nicht vorstellen, dass man sich an diesem Ort anders als wunderbar fühlen konnte.

Während der nächsten beiden Tage konnte ich beobachten, dass jeder meiner Bitten nachgekommen wurde, als sei ich Bill Gates höchstpersönlich, und der Mann, der mich bediente, konnte anscheinend gar nicht genug für mich tun. Jeder Dienst wurde unverzüglich und erstklassig ausgeführt. Nicht nur die Angestellten waren perfekt, das ganze Gebäude kam mir vor wie ein Tempel der Perfektion: die Wäsche, das Restaurant, die Dienstmädchen, die Bars; jedes Detail war von Perfektion erfüllt.

Als ich mit dem Wartungsingenieur in dessen Büro saß, um über Schaufeln und Harken zu sprechen, sah ich, dass die Wände in seinem Büro voller positiver Sprüche gehangen waren, die ihn ermutigten, immer das Beste zu geben und nach Perfektion zu streben. Er erzählte mir, dass diese Arbeitsmoral der Vision eines einzelnen Mannes zu verdanken sei: dem geschäftsführenden Direktor, der eine Art hatte, jedem Angestellten das Gefühl zu geben, dass er unverzichtbar sei. Jeder Mensch im Team wusste, dass es nicht mehr dasselbe wäre, wenn er nicht mehr da wäre.

Stell Dir nun mal vor, wie Dein Leben wohl wäre, wenn Du jeden Tag auf einen Service und auf eine solche Einstellung treffen würdest, wie sie die Menschen im Hyatt Hotel in Greenwich hatten. Wie wäre es wohl, wenn diese Art von Service die Regel wäre in unserem Leben und nicht die Ausnahme? Wir haben uns an schlechten Service und an Mittelmäßigkeit dermaßen gewöhnt, dass wir eine Ausnahme von dieser Regel betrachten, wie einen Apfel am Orangenbaum. Wenn Du Dich in einer Position befindest, in der Du für positive Veränderungen in Deinem Arbeitsumfeld sorgen kannst, dann warte nicht länger – tu es jetzt!

Wie definierst Du Perfektion?

Vielleicht lassen die Umstände in Deiner Umgebung nicht zu, dass Du Dich wie im Hyatt fühlen kannst. Aber dann schaffe Dir doch Deine eigenen Umstände, in denen Du durchaus nach Perfektion streben kannst auf Deinem Weg der extremen Spiritualität.

Du allein weißt, was Perfektion für Dich bedeutet. Es wird nicht von Dir verlangt, dass Du Dich irgendeinem Standard anpasst – nur Dir selbst bist Du verpflichtet. Ich zum Beispiel fertige einfache Rasseln an, als eine Art Volkskunst. Ich spanne Lederstücke über Kürbisse und stecke sie dann auf Stöcke. Dann dekoriere ich sie noch mit Fell, Federn und Perlen.

Meine ersten Rasseln fanden durchaus Bewunderung. Niemand bemerkte die kleinen Leimreste an einigen der Federn und Perlen. Und als man mir gratulierte, wusste ich in mir drin, dass ich das noch besser hinkriegen würde, denn ich hatte eine Vision, wie meine perfekte Rassel aussehen sollte. Nach fünfzehn weiteren Rasseln hatte ich schließlich eine hergestellt, die ich nach meinem Standard für absolut perfekt befinden konnte.

Doch da konnte ich nur hingelangen, weil ich meiner eigenen inneren Vision gefolgt bin. Als ich nach der perfekten Rassel suchte, wurde dieser Teil meines Lebens zu einer lebendigen Meditation.

Du solltest das Ganze als Spiel auffassen, nicht als eine Arbeit, die Du erledigen musst. Denk daran, dass das Leben kein Problem ist, das es zu lösen gilt (das wäre schlechte Programmierung); es ist ein spirituelles Abenteuer, das Du genießen solltest (das ist dann gute Programmierung).

Übung

Stell Dir selbst eine Aufgabe und lege vorher fest, dass Du sie als eine Übung Deiner extremen Spiritualität wahrnehmen willst. Das kann etwas ganz einfaches, wie Kuchen backen sein, aber auch etwas ganz monumentales wie die Organisation eines Wohltätigkeitsabends. Während Deiner Arbeit sei Dir immer bewusst, dass Du an jedes einzelne Detail mit Verehrung und Demut herangehst, eine Chance, Perfektion zu erschaffen und zu erleben. Vielleicht schreibst Du Dir ein paar Zettel mit Sätzen wie „Mach´s Dir leicht!“, oder Du verwendest eine andere Strategie, mit deren Hilfe Du Dir Dein Ziel stets vor Augen hältst. Du könntest zum Beispiel Bilder aufhängen, die Dich motivieren, Musik hören, die Dich inspiriert oder eine andere Person um Hilfe bitten. Wenn Du dieser Übung außerhalb Deines Jobs etwas abgewinnen kannst, dann kannst Du das, was Du erlebt hast, auch auf Deine Arbeit übertragen und sie damit zu einer spirituellen Angelegenheit machen. Im Mai 1999 hieß es in einem Artikel im *US News & World Report* über Trainingsmethoden, dass sich Trainingsprogramme mit spirituellem Hintergrund hervorragend dazu eignen, die Produktivität und die Profite zu steigern.

Schwitzen

Freude an der Verwundbarkeit

Sweet, sweet surrender.
Live, live without fear.

- John Denver -

Ich hatte einst eine spirituelle Lehrerin, die einen Scheinwerfer auf eine Wand richtete und dazu erzählte, welch ein helles, kräftiges Licht er verbreitete. Dann nahm sie ein Taschentuch und etwas Glasreiniger und putzte die Linse. Dann sagte sie, dass das Licht doch jetzt noch viel heller scheinen würde.

Die Native Americans wissen schon lange darum, wie gut es ist, sein Licht ab und an zu putzen. Eine spirituelle Schwitzhüttenzeremonie entspricht so ungefähr dem Taschentuch und dem Glasreiniger. Unser Licht wird gereinigt, damit es heller scheinen kann. Eine wundervolle Übung der extremen Spiritualität.

Für einige meiner umfangreicheren Seminare baue ich manchmal eine indianische Schwitzhütte auf. Eine Schwitzhütte baut man, indem man Weidenzweige biegt und in die Form eines kleinen Iglus bringt. Dieser wird dann mit schwarzer Plastikfolie überspannt und mit Decken isoliert. Ein großes Feuer wird außerhalb der Hütte entzündet, und man legt Steine hinein, bis diese rot glühen. Die glühenden Steine werden sodann in eine kleine Grube in der Mitte der Schwitzhütte getragen. Wenn die Tür geschlossen ist, werden die Steine mit Wasser besprengt. Dadurch heizt sich die Schwitzhütte weit über 65°C auf.

Männer und Frauen sitzen in einem engen Kreis nackt um die Steingrube herum. Jedem bleiben nur ungefähr 30 cm Freiraum zum Sitzen, man fühlt sich wie die Sardinen in der Dose. Niemand kann den anderen erkennen, denn in der Hütte ist es vollkommen dunkel.

Ziel dieser Aktion ist spirituelles Wachstum.

Eine Person leitet die Zeremonie in der Schwitzhütte. Jeder Teilnehmer bekommt die Möglichkeit, ein kleines Gebet zu sprechen oder einfach das zu sagen, was ihm am Herzen liegt. Einerseits haben wir hier also nur eine Gruppe von Menschen, die im Kreis zusammen sitzen und laut beten. Andererseits hat aber auch ein jeder mit den physischen Anstrengungen der Schwitzhütte zu kämpfen. Es ist einfach unbequem mit so vielen Menschen auf so engem Raum aneinander gepresst dazusitzen. Es ist anstrengend, die heiße Luft zu atmen. Es ist fast eine Kunst, nicht umzukippen. Der Raum ist so begrenzt und der Schweiß einfach überall, dass es schier unmöglich wird, zu sagen, wo Dein eigener Körper aufhört und der nächste beginnt.

Wenn die Leute dann laut beten, brechen sie oftmals in Tränen aus, weil das Gefühl der Verwundbarkeit sie überkommt. In diesem Moment gibt das Ego seinen Schutz auf und man erlebt eine wahrhaft spirituelle Wirklichkeit, die ganz ohne alle Beschränkungen des RAS einfach sein darf. Im Nachhinein sagen viele Menschen, dass sie eine direkte Gotteserfahrung in dieser Zeit gemacht haben. Und das alles wurde möglich, weil das Ego für einen Sekundenbruchteil sterben konnte.

Die Schwitzhütte ist eine Metapher für eine Situation, in der wir uns ergeben müssen. Natürlich ist das, was sich ergeben muss, das Ego: Starrheit, Widerstand, Bewertungen, Arroganz, Verteidigung, Feindseligkeit – das kleine Ich eben.

Wenn Du aus solchen Lehren etwas mitnehmen willst, musst Du Dich nicht unbedingt in eine Schwitzhütte setzen. Du kannst diese Erfahrung selbst erschaffen, indem Du Dich bewusst in Situationen bringst, in denen Du Dich verletzlich und unwohl fühlst und die erfordern, dass Du über Dich hinaus wächst.

Wer bist Du eigentlich?

In den Übungen dieses Buches geht es nicht darum, körperlich abgehärtet zu werden; sie sollen Dich spirituell abhärten. Wenn Du Dich dafür entscheidest, das durchzustehen, dann hast Du die Kraft, den Widerstand Deines Egos zu durchbrechen, wenn es mal wieder versucht,

Dich davon zu überzeugen, dass Du aufgeben und kleiner sein solltest, als Du eigentlich bist. „Wenn das Gehen schwerer wird, wird auch das Schwere gehen." Das heißt, dass Menschen mit einer spirituellen Überzeugung ihren Weg auch fortsetzen, wenn Hindernisse auftauchen. Das sind Menschen, deren Neigung zur extremen Spiritualität sie auf alle Eventualitäten vorbereitet hat. Ich hoffe, auch Du wirst einer von ihnen werden.

Wie sich die Menschen in der Schwitzhütte benehmen, zeichnet ein Bild davon, wie sie sich im Leben draußen verhalten. Wenn sie raus wollen, sobald die Temperatur zu steigen beginnt, dann kann man ziemlich sicher sein, dass dieser Mensch sich im Leben ganz genauso verhält, wenn er in stressige Situationen gerät. Ich ermutige die Leute, sich selbst genau zu beobachten, während sie in der Schwitzhütte sitzen. Und wenn sie feststellen, dass ihr Verhalten sie von vornherein einschränkt und wegrennen lässt, dann sollen sie den Mut aufbringen, dieses Verhalten ein für alle mal zu überwinden. Das Risiko dabei trägt allein das Ego. Die beste Art, mit dem Ego in der Schwitzhütte umzugehen, ist, ihm zu sagen: „Heute ist ein guter Tag zum Sterben."

Die beste Art, mit dem Ego außerhalb der Schwitzhütte umzugehen, ist, ihm zu sagen: „Heute ist ein guter Tag zum Sterben."

Bevor ich gelernt hatte, mein Ego heraus zu schwitzen, hat es mich immer kurz vor dem Ziel aufgehalten. Ich war der Außenseiter in jedem Team. Entweder gab ich nach, oder ich gab auf; äußerst selten nur konnte ich eine schwierige Sache zu Ende bringen. Seit ich aber die Entscheidung getroffen habe, hinter allen Schwierigkeiten mich selbst am Ziel zu sehen, gebe ich nicht mehr auf. Lieber würde ich sterben! Es ist vielleicht nicht immer leicht, aber es ist die Sache immer wert. Und wer stirbt dabei? Nur mein kleines Ich mit dem großen Ego.

Übung

Einmal besuchte ich ein Japanisches Heilbad. Das heiße Becken war sehr heiß und das kalte unheimlich kalt. Das kalte Wasser schien mir die größere Herausforderung zu sein, nur wenige Leute waren dort drin. Und dennoch saß da ein alter Japaner fast eine halbe Stunde lang mit geschlossenen Augen in dem Becken. Ich begab mich also auch in das Wasser und stellte fest, dass es das Wasser noch kälter zu machen schien, wenn man sich gegen die Kälte wehrte. Doch mit Hilfe der Techniken, die ich in der Schwitzhütte gelernt hatte, konnte ich mich der Kälte ergeben und verspürte bald eine wahre innere Freude.

Versuch das einmal zu Hause in Deiner Badewanne. An einem Tag versuche es mit sehr heißem Wasser, am nächsten dann mit ganz kaltem. Übe, Dich zu ergeben, bis Du wahre Freude an dieser Übung hast.

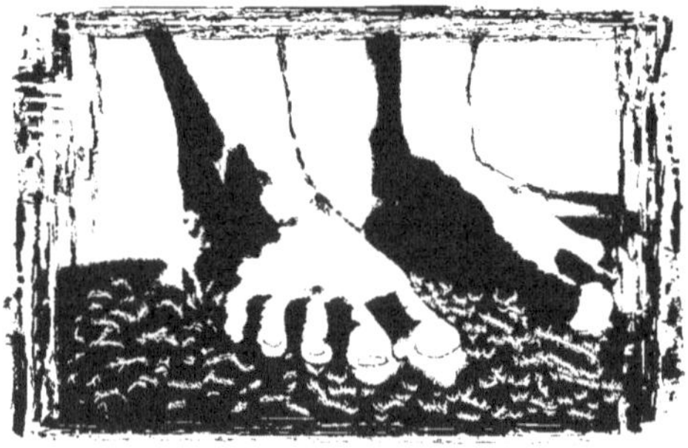

Barfuss über Glasscherben

Bewusste Momente erschaffen

Sei jetzt hier.

- Ram Dass -

In einem Sufi Märchen geht es um einen Mann, der Angst vor Schlangen hatte. Eines Tages auf einer Bergwanderung sagte jemand beiläufig zu ihm: „Pass auf die giftigen Schlangen überall auf!" Das hat dem Mann komplett den Tag verdorben. Jedes Mal, wenn er einen Schatten erhaschte, spannte sich sein Körper an. Ständig wandte er den Kopf um und hielt nach Schlangen Ausschau. Schließlich kam er nachts zurück in sein dunkles Zimmer und suchte nach dem Lichtschalter, da sah er auf dem Boden eine zusammengerollte Schlange liegen, bereit zum Angriff. Seine Angst überwältigte ihn so sehr, dass er einen Herzinfarkt erlitt und tot umfiel.

Am nächsten Morgen fand ihn das Dienstmädchen tot neben einem zusammengerollten Seil auf dem Boden liegen.

Was hat diesen Mann nun umgebracht? Sicherlich war es keine Schlange, denn eine Schlange war gar nicht da. Was ihn getötet hat war ein falscher Eindruck, der ihm wirklich erschien: ANGST. Unsere Ängste sind immer dazu bereit, aus Seilen Schlangen zu machen.

An diesem Sufi Märchen können wir sehen, dass das RAS uns immer nur das zeigt, was wir glauben, was passiert, ohne uns überhaupt herausfinden zu lassen, was wirklich geschieht. Aus diesem Grund ist es sehr wichtig, unseren Ängsten Beachtung zu schenken, anstatt Situationen aus dem Weg zu gehen, die sie heraufbeschwören. Viele Praktiken in meinen Seminaren setzen genau da an.

Rufen wir uns die Geschichte des Mönches mit den Tigern und der Erdbeere aus Kapitel 2 in Erinnerung. Es gab diesen entscheidenden Moment, in dem der Mönch die Erdbeere in seinen Mund nahm, und er richtete seine ganze Aufmerksamkeit nur darauf. Wenn wir ebenso aufmerksam sind, dann passiert etwas ganz Erstaunliches. Wenn sich unser Geist zu 100% auf etwas konzentrieren soll, dann kann er nicht gleichzeitig anderswo sein. Wir können nicht gleichzeitig über die Zukunft und die Vergangenheit nachdenken. Wir können nicht das Gegenwärtige mit irgendeinem anderen Erlebnis vergleichen, denn damit würde unser Geist ja wieder auf Wanderschaft gehen und die 100%ige Aufmerksamkeit ist dahin. Wenn Du es schaffst, so intensiv aufmerksam zu sein, dann wird auch kein Teil von Dir mehr Dich beobachten können. Kein Teil von Dir ist sich überhaupt dessen bewusst, dass Du gerade diese oder jene Erfahrung machst. Denn Du bist selbst zu dieser Erfahrung *geworden*.

Wenn Du den Geschmack einer Erdbeere mit 100% Deiner Aufmerksamkeit wahrnimmst, dann erfährst Du Dich selbst als Erdbeere. Wenn Du an einer Rose riechst und Dich 100%ig darauf konzentrierst, dann wirst Du selbst zum Duft dieser Rose. Du verschmilzt geradezu mit Deinem Erleben und überwindest sogar die Selbstbeobachtung.

Solche bewussten Momente bringen uns sofort ins Hier und Jetzt. Genau das ist das Erlebnis, das eine Meditation hervorrufen kann. Es ist sehr wichtig, diese bewussten Momente zu erkennen und zu würdigen, wenn sie uns begegnen. Denn durch sie haben wir einen Rahmen für das, was wir in einer Meditation erfahren wollen.

Ein Leben für den Moment

Es gibt Situationen, die uns dabei helfen können, solche bewussten Momente zu erleben. So sollen auch die Praktiken in diesem Buch dazu beitragen, mehr von diesen Augenblicken zu erzeugen. Besonders gut eignen sich auch einige Sportarten. So sind zum Beispiel Skiabfahrtsläufer durch die schnell wechselnden Szenarien stets gezwungen, sich voll und ganz aufs Hier und Jetzt zu konzentrieren. Skifahren ist die reinste Meditation!

Du kannst Dich entscheiden, ob Du diese bewussten Momente in Deinem Leben häufiger haben willst. Ein Metzger kann sein Fleisch auch meditativ schneiden, ein Straßenarbeiter kann seine Schlaglöcher meditativ auffüllen, ein Maler kann meditativ tapezieren. Es ist nur eine Frage dessen, ob man wirklich 100%ig bei dieser einen Sache ist. Meistens gehen wir ganz unachtsam durchs Leben. Wir müssen uns bewusst machen, wie weit wir uns davon entfernt haben, unsere volle Aufmerksamkeit auf eine Sache zu richten. Wenn Du also in die Scheiße trittst – ob nun wörtlich oder metaphorisch – dann schimpf nicht. Sei dankbar dafür, dass Du ins Bewusstsein zurückgerufen wurdest.

Nur in bewussten Momenten erhalten wir die Einblicke, die uns letztendlich größeres Verstehen bescheren und damit unser Wissen untermauern. Wenn wir erst einmal einige Erfahrungen mit diesen Dingen gemacht haben, dann werden wir viel häufiger spirituelle Dinge wahrnehmen, die wir vorher lediglich auf der intellektuellen Ebene hinnehmen konnten. In seinem Buch *Wo komme ich eigentlich her?* erklärt Peter Mayle den Fortpflanzungsprozess für Kinder. Er versucht darin einen Orgasmus zu beschreiben, indem er ihn mit einem Kitzeln in der Nase beschreibt, das dann in einem gewaltigen Niesen endet. Damit können sich Kinder vielleicht intellektuell vorstellen, wie sich ein Orgasmus anfühlt, doch erst wenn sie reifer werden und selbst diese Erfahrung machen, wird aus dem Verstehen eine Erkenntnis.

Solche Erkenntnisse führen uns schließlich zu wahrer Weisheit, durch die wir die paradoxe Natur des Universums kristallklar begreifen können. Menschen, die sich auf dieser hohen Ebene befinden, nennt man meistenteils Weise Männer, Medizinfrauen, Schamanen oder Heilige. Extreme Spiritualität verlangt gar nicht, dass wir alle nach dieser Ebene streben sollten, denn damit würde es erheblich kompliziert werden, eine Familie zu gründen. Aber von Zeit zu Zeit sollten wir ihr einen Besuch abstatten, damit wir uns eine Perspektive und Harmonie in unserem alltäglichen Leben erhalten können.

Glasscherben als Mittel zur Meditation

Auf Glasscherben spazieren zu gehen, ist ein ziemlich extremer Weg zu dieser hohen Ebene. Ich verwende diese Methode in einigen meiner Seminare, um die Menschen ins Hier und Jetzt zu bringen. Ich besitze eine Kiste mit ca. 25 kg Glasscherben. Mit einem Hammer habe ich damals Kelche, Gläser, Weinflaschen, gläserne Kerzenhalter usw. zerschlagen.

Ich harke die Scherben zu einer kleinen Piste zusammen, demonstriere den Leuten, wie man darüber geht und lade sie dann ein, selbst barfuss über das Glas zu laufen. Wie in all meinen Seminaren ist auch hierbei die Teilnahme völlig freiwillig. Diese Art der Annäherung an die extreme Spiritualität hat allerdings mit Mut rein gar nichts zu tun. Es besteht keinerlei Druck, und wie die Erfahrung gezeigt hat, erfordert es mehr Mut, in dieser Situation zu sagen: „Nein danke, heute lieber nicht!“, ganz besonders, wenn all Deine Mitstreiter es bereits hinter sich gebracht haben.

Von all den tausend Menschen, die unter meiner Führung durch diese 2 m lange Piste aus zerbrochenem Glas gelaufen sind, hat sich nicht einer die Füße verletzt. Über Glasscherben zu laufen, ist das genaue Gegenteil davon, über heiße Kohlen zu laufen. Es verlangt nach ruhigen, konzentrierten Momenten extremer Aufmerksamkeit, wie sie der Junge mit dem Wasserkrug auf dem Kopf aufbringen musste. Kein Mensch läuft mal eben schnell über Glasscherben. Diese Aufgabe erfordert viel Aufmerksamkeit. Die Leute vergessen niemals, dass sie rasiermesserscharfes Glas unter den Füßen haben. Einen anderen Anlass zur Aufmerksamkeit brauchen sie gar nicht. Sie *lernen* nicht, aufmerksam zu sein, sie sind es ganz einfach. Und genauso lernen sie auch nicht das Meditieren, sondern sie tun es bereits, während sie über das Glas gehen.

Das Glas wird zum Lehrmeister. In dieser Begegnung gibt es kein anderes Ego. Die unpersönliche Natur dieses Ereignisses macht es leichter für Dich, Dein eigenes Ego beiseite zu stellen und so Zugang zu einem wesentlich tiefergehenden Level zu erlangen.

Wenn Du Dich voll und ganz auf Deine Füße konzentrierst, spürst Du, wie jede dieser spitzen und scharfen Glasscherben Dich trägt. Das ist ein sehr bewusster Moment.

Solche bewussten Momente neutralisieren auf einen Schlag all die stressgeladenen Situationen dieser Welt. Ein ganzer Tag voll Anstrengung lässt sich durch wenige Minuten der Meditation neutralisieren, und zwar viel besser als mit einem viel beworbenen Antazidum (eine Magensäure bindende Arznei).

Übung

Mach Dir eine Schüssel voll Popcorn. Nimm willkürlich ein Popcorn aus der Schüssel. Jetzt studiere es mit 100%iger Aufmerksamkeit. Leg es dann zurück in die Schüssel und vermische es mit den anderen. Jetzt suche das eine Stück wieder heraus, das Du Dir zuvor genau angesehen hast.

Dich auf dieses eine spezielle Popcorn zu konzentrieren ist ein bewusster Moment. Es ist eine Meditation. Begreife diesen Zustand und versuche, diese Art der Meditation in Dein tägliches Leben zu integrieren.

Den Körper heilen

Das Geheimnis der Spontanheilung

Gott allein ist wirklich, und Ziel des Lebens ist es,
mit ihm durch Liebe vereint zu werden.

- Meher Baba -

Extreme Spiritualität bedeutet, sich allem Möglichen in unserem Leben auf eine radikale Art und Weise zu nähern, eingeschlossen unserer Gesundheit und der Heilung. Wenn Heilung durch Glauben, sprunghafte Heilung und unerschütterliche Gesundheit auch nur irgendwem auf diesem Planeten zu eigen sind, dann kann sie auch zu Dir gehören. Spontanheilung ist nicht einmal eine Seltenheit, weshalb sollte sie also für Dich nicht auch in Frage kommen?

Eines schönen Tages aß ich einen Eisbecher, und weil ich nicht aufpasste, ließ ich ihn fallen. Der Becher zerschlug auf dem Boden und Glassplitter flogen überall herum. Ich säuberte den Boden, und weil ich meinte, dass kein Glassplitter in das Eis gekommen war, gab ich das Eis in einen neuen Becher. Nachdem ich ein paar Löffel gegessen hatte, hatte ich das Gefühl, dass ein Glassplitter in meinem Hals steckte.

Eigentlich war gar kein Glas in meinem Eis, aber das wusste ich in diesem Moment nicht. Doch weil ich dachte, dass ich einen Glassplitter im Hals hätte, ging mein Blutdruck nach oben, mein Herzschlag beschleunigte, ich begann zu schwitzen und wies alle körperlichen Symptome auf, die ich gehabt hätte, wenn ich wirklich einen Splitter verschluckt hätte. Mein Geist verursachte diese Veränderungen in meinem Körper.

Wenn wir uns selbst einmal genau betrachten, dann erkennen wir, dass unser physisches Befinden ein Resultat dieser Körper-Geist Verbindung ist. Wir haben bereits festgestellt, dass die Chemie des Gehirns mit der Chemie des Körpers zusammenhängt. Und auch die Chemie des Körpers kann die Chemie des Gehirns beeinflussen. Deshalb kann Fastfood auch Depression verursachen.

Liebe und Lachen sind heilsam

Die Körper-Geist Verbindung eröffnet uns ganz neue Wege, selbst die Kontrolle über unser Immunsystem und unsere Selbstheilungskräfte zu übernehmen. Es ist tatsächlich möglich, solche Bewusstseinszustände zu erschaffen, die ein optimales Funktionieren all unserer Körpersysteme gewährleisten.

Ein Beispiel: Wie wir wissen, veranlasst Lachen die Thymusdrüse dazu, sich mit Blut zu füllen, damit sie größer wird und besser funktionieren kann. Depressionen dagegen veranlassen sie, zu schrumpfen und faul zu werden. Zu den Aufgaben der Thymusdrüse gehört es, T-Helferzellen zu produzieren. Deshalb sollte auch ein Mensch, der an Krebs erkrankt ist, seinen Geisteszustand so genau wie möglich beobachten. Humor und eine positive Einstellung können eine Genesung immens beeinflussen. Alles, was uns von Stress befreit und eine körperliche Entspannung begünstigt, unterstützt unsere Gesundheit und unser körperliches Wohlbefinden. Positive Entscheidungen veranlassen elektrochemische Veränderungen, die das RAS so neu programmieren, dass körperliches Wohlbefinden daraus resultiert. Positivdenker leben in einer vollkommen anderen chemischen Umgebung als Negativdenker. Gedanken, Einstellungen und Voraussicht machen oftmals, wenn auch nicht immer, den Unterschied zwischen Genesung und Überleben und dem Tod.

Zu den Grundpfeilern des christlichen Glaubens gehört die Geistheilung. Sie war ein Teil von Jesus´ Wirkungskreis. Er ging sogar so weit zu sagen: „Ihr werdet Eure Hände den Kranken auflegen, und sie werden gesund sein.“ Diese Art der Wirklichkeit passt perfekt zum Konzept der extremen Spiritualität. Sie eröffnet uns Möglichkeiten, die wir vorher niemals in Betracht gezogen hätten. Menschen, die das leben und ihren Worten Taten folgen lassen, sind wunderbare Beispiele für extreme Spiritualität und eine Inspiration, die uns beflügeln kann. Primitive Völkerstämme, einschließlich der amerikanischen Indianer, haben immer schon Geistheilung praktiziert, auch wenn sie es niemals so genannt hätten. Meistens galt der Schamane oder Medizinmann als ein Mensch, der mit besonderen Fähigkeiten ausgestattet war, durch die eine solche Heilung möglich wurde. Im Gegensatz dazu sagte man ihnen aber auch nach, sie könnten Flüche und böse Verwünschungen aussprechen, welche Schaden anrichten oder sogar töten konnten. Dr. Walter Cannon, ein anerkannter Medizinforscher, schrieb über solche Dinge und darüber, wie die Macht der Suggestion in den Händen eines Arztes, nicht nur heilen, sondern ebenso auch krank machen kann, wenn er sie nicht richtig anwendet. Dr. Cannon schloss daraus, dass ein Mensch, der sich sicher ist, dass er bald sterben wird, aus seiner Akzeptanz des Todes heraus auch „seine Verabredung mit dem Tod einhält."

Der Zustand des Immunsystems kann mit Hilfe medizinischer Tests festgestellt werden. Ärzte sind in der Lage, anhand von Vorhandensein oder Fehlen bestimmter Stoffe in Blut, Urin, Gewebe oder Speichel, das Funktionieren des Immunsystems zu prüfen. In einer Studie hat David McClelland, ein Psychologe des Gesundheitszentrums der Universität Harvard, die Menge des Immunoglobin A im Blut einiger freiwilliger Testpersonen gemessen. Der Antikörper Immunoglobin A ist vor allem zur Bekämpfung von Erkältungen und Grippen notwendig. Der Testgruppe wurde dann ein Film vorgeführt über Mutter Teresa und ihre wohltätige Arbeit mit Waisen in Calcutta. Nach dem Film wurde erneut die Menge an Immunoglobin A gemessen, und sie war gestiegen. Forscher haben diese Antikörperanreicherung als den „Mutter-Teresa-Effekt" bezeichnet, wonach allein schon die Gegenwart von Liebe eine biochemische Explosion im Körper auslösen kann. Mit Liebe können wir heilen und geheilt werden.

Heilung außerhalb der konventionellen Medizin gilt inzwischen nicht mehr als Quacksalberei. Dr. Howard Hall, Psychologe der Penn State University, hat bei einer Gruppe von Versuchspersonen eine Zählung der weißen Blutkörperchen vorgenommen. Dann lehrte er die Leute, mit ihrem Geist zu visualisieren, wie sich ihre weißen Blutkörperchen vermehrten und Krebszellen angriffen. Danach nahm er erneut Blutproben und stellte fest, dass die Zahl der weißen Blutkörperchen bei jedem um 10-25% zugenommen hatte. Mainstream-Ärzte scheuen sich davor, auf diesem Wege neue Erkenntnisse in der Krebstherapie zu erlangen. Ärzte wie Andrew Weil, Bernie Siegel, Carl Simonton und Deepak Chopra konnten allerdings erstaunliche Ergebnisse vorlegen, nachdem sie eine Methode der extremen Spiritualität angewandt hatten. Andrew Weil zum

Beispiel berichtet, dass Tumore von der Größe einer Grapefruit manchmal innerhalb weniger Tage komplett verschwunden sind.

Dr. Siegel erzählt gerne die Geschichte einer Patientin, der man gesagt hatte, sie habe nur noch kurze Zeit zu leben. Sie ging nach Hause, brachte ihre Angelegenheiten in Ordnung und wartete dann auf ihren Tod. Zum ersten Mal in ihrem Leben verspürte sie einen vollkommenen Frieden. Dieser Frieden aber war genau das, was ihr angeschlagenes Immunsystem brauchte, und die Frau lebte noch viele Jahre.

Dr. Weil berichtet von einer Patientin, die sich zum allerersten Mal in ihrem Leben an Gott wandte, als sie erfuhr, dass sie nur noch wenige Monate am Leben sein sollte. Diese spirituelle Wandlung hat ihr sonst so bitteres Wesen dermaßen verändert, dass sie eine Spontanheilung erfuhr. Ein metaphorischer Knoten hatte sich gelöst und beeinträchtigte von nun an ihr Immunsystem nicht länger.

Bevor ich endlich diese Verbindung zwischen Körper und Geist begriffen hatte und lernte, meinen Körper bewusst zu kontrollieren, litt ich immer an einer schlechten Gesundheit. Ich hatte bestimmt 6 Mal im Jahr eine Grippe oder Erkältung. 1987 habe ich mich schließlich dazu entschlossen, meinen Gesundheitszustand selbst in die Hand zu nehmen. Nachdem ich in diesem Jahr meinen Biocomputer neu programmiert hatte, habe ich bis heute keine einzige Erkältung oder Grippe mehr gehabt.

Unglaubliche Geschichten über spontane Heilung und Gesundheit hört man inzwischen oft. Spontanheilung von Krebs ist schon längst kein Märchen mehr. Wenn Du oder ein Angehöriger an Krebs erkrankt ist, dann hast Du viele Möglichkeiten, zum Beispiel im Internet Kontakt zu Selbsthilfegruppen herzustellen. Auch wirst Du in Buchhandlungen viele Berichte darüber entdecken können, wie eine positive Lebenseinstellung und Genesung miteinander in Verbindung stehen. Sicherlich, wenn Deine Zeit zu sterben herangekommen ist, wird nichts Dich davor schützen können, dann helfen weder geistige Wunschvorstellungen, noch Medikamente oder Operationen. Trotzdem kann eine positive Lebenseinstellung die Lebensqualität deutlich verbessern, selbst dann noch, wenn jemand dem Tod bereits sehr nahe ist.

Du kannst Menschen begegnen, denen man sagte, dass sie nie wieder laufen könnten, doch heute laufen sie Marathon. Du kannst über Menschen lesen, die einmal blind waren und heute sehen können. Menschen, denen man nur noch wenige Wochen zum Leben gab, erfreuen sich heute noch bester Gesundheit – Jahre nachdem man ihnen den

Tod prophezeit hat. Wieso also nicht positiv denken und sehen, was passiert?

Wenn wir solche Ereignisse als Wunder bezeichnen, hebt es sie über das Erwartete und Alltägliche hinaus. Aber eigentlich sollten wir so etwas als unser Geburtsrecht betrachten: Gesundheit und Heilung.

Norman Cousins beschreibt in seinem wunderbaren Buch *Anatomy of an Illness*, wie er mit Hilfe von Lachen und positivem Denken seine eigene Todeskrankheit überwinden konnte. Nach seiner Genesung lud man ihn an die Medizinische Fakultät der Harvard University ein. Forscher wollten versuchen, die Chemie des Lachens zu analysieren. Die Studie hat ergeben, dass als Reaktion auf positive Gedanken Stoffe ausgestoßen werden, die man als Neuropeptide bezeichnet. Diese Neuropeptide kombinieren und rekombinieren sich selbst auf so vielfältige Weise, dass wir buchstäblich imstande sind, eine jede Substanz der Pharmazie in unserem eigenen Körper herzustellen. Endorphine sind ein Beispiel dafür. Wir selbst produzieren diese morphinähnlichen Stoffe in unserem Körper, und sie sind ebenso effektiv schmerzstillend, wie jede beliebige synthetische Substanz. Außerdem rufen Endorphine ein Glücksgefühl hervor.

Keine Nebenwirkungen

Resultierend daraus können wir nun Techniken erlernen, mit denen wir uns selbst heilen und unseren Schmerz stillen können, ganz ohne Medikamente. Das Schöne daran ist, dass wir uns so die Nebenwirkungen der Medikamente ersparen können.

Jetzt, da Du weißt, wie es funktioniert, warum noch warten, bis Du krank wirst und daraus Nutzen ziehen kannst? Du kannst Dir genau jetzt eine neue Vorstellung von Gesundheit erschaffen. Du kannst Dein Leben der extremen spirituellen Praktik widmen, in Liebe zu leben. Du kannst jede Zelle Deines Körpers mit Liebe infizieren und visualisieren, wie alle Nervenstränge und Fasern in Dir drin in perfekter Harmonie zusammen arbeiten. Um das zu erleben, musst Du es leben! Gesundheit und Heilung sind Dein Geburtsrecht!

Übung

In der Kirche der Christlichen Wissenschaften gibt es ein Archiv nachweislicher Genesungsprozesse, die in Verbindung stehen mit einer Wandlung des Geistes oder des Herzens. Liebe und positives Denken können zweifelsohne heilsam sein. Geringschätzigkeit, Gemeinheit, Ärger und Hass sind nachweisbare Ursachen für Geschwüre, Bluthochdruck und alle möglichen anderen Leiden.

In den östlichen Religionen sieht man den Körper als Tempel, in welchem die Seele wohnt. Behandelst Du Deinen Körper wie einen Tempel?

Beschließe, drei Dinge zu tun, um Deine Gesundheit zu fördern. Zum Beispiel kannst Du ein Fitnesstraining beginnen oder Deine Ernährung umstellen – entscheide Dich jedoch nur für etwas, von dem Du weißt, dass Du es auch tun kannst. Wenn Du also abnehmen willst, sei realistisch mit Deinen Zielen, damit Du nicht unterwegs den Mut und Deine guten Absichten aus dem Auge verlierst.

Mache Dir das positive Denken und die extreme Spiritualität zunutze, wenn Du das Rauchen aufgeben, weniger trinken oder weniger arbeiten willst. Nutze diese Werkzeuge, um Dir einen Lebensstil zu erschaffen, der voller Meditation, Demut, Liebe und Spiel steckt.

Wenn Du Deine drei Ziele zur Stärkung Deiner Gesundheit erreicht hast, schaffe Dir immerfort neue Ziele und beschließe neue Dinge, bis Du vollkommen zufrieden bist mit Deinem Gesundheitszustand und Deiner Vitalität.

Fasten

Hausputz für den Geist

Die meisten östlichen Philosophen und Yogimeister, die für ihr langes Leben, ihre Geisteskraft und ihr spirituelles Bewusstsein bekannt geworden sind, fasten regelmäßig im Rahmen ihrer Meditationen, um ein langes Leben zu gewährleisten und höhere Ebenen der Spiritualität zu erklimmen.

- Paava Airola -

Den Körper entschlacken, um spirituelle Klarheit zu erfahren

Genau wie das Schwitzen ist auch das Fasten eine Variante, Deinen Körper zu reinigen. Viele behaupten sicherlich, das sei zu extrem, vor allem diejenigen, die vom Essen abhängig sind. Dennoch ist meine Art des Fastens extrem einfach.

Manchmal trinke ich Karottensaft. Dann wieder koche ich frisches Gemüse, um ihm die Nährstoffe zu entziehen und trinke dann den Sud. Auch koche ich Kartoffeln, Reis oder Hafer und trinke den daraus gewonnenen Saft, um an meine Kohlenhydrate zu kommen. Ich mache mir Limonade aus ganzen Zitronen und reinem Ahornsirup, nicht nur, um Kalorien zu gewinnen, sondern auch weil es gut schmeckt.

Es ist so leicht, dass ich oftmals vergesse, dass ich gerade faste. Meine längste Fastenzeit waren vierzig Tage. Ich faste jedes Jahr regelmäßig fünf, sieben oder zehn Tage am Stück. Es ist nicht etwa so, dass ich an Appetitlosigkeit leide. Ich habe nur einen Weg gefunden, ohne Hungergefühl zu fasten und dabei dennoch meinen Geist zu klären. Vierzig Tage lang zu fasten, ist gar nicht so lange; es gibt Menschen, die mehr als 200 Tage gefastet haben.

Natürlich kann das Fasten auch Deine Gesundheit beeinträchtigen, wenn Du es aus den falschen Beweggründen heraus tust oder es nicht richtig anstellst. Wie mit allen anderen Praktiken in diesem Buch, musst Du auch diese nicht unbedingt selbst umsetzen. Viel wichtiger ist es, dass Du die grundlegenden Lehren und Einblicke daraus ziehst, welche die Menschen während dieses extremen Vorgangs erhalten. Wenn Du einmal verstanden hast, was diese Menschen durch das Fasten erfahren, dann kannst Du auch auf anderen Wegen dorthin gelangen, wie auch immer diese aussehen mögen. Vielleicht möchtest Du ja einige der Übungen in diesem Buch anwenden, möglicherweise auch gar keine. Vielleicht findest Du auch andere, eigene Methoden, um auf jene Ebenen zu gelangen, zu denen extreme Spiritualität Dich tragen kann.

Fasten kann Dein Bewusstsein erweitern

Das Fasten ist eine Jahrtausende alte Methode, um die Gesundheit und die Vitalität zu erneuern und wurde in den letzten Jahren auch von wissenschaftlicher Seite als solche anerkannt. Ich habe zum ersten Mal 1973 gefastet, um meiner Gesundheit auf die Beine zu helfen. Schnell bemerkte ich, wie gut das auch meinem spirituellen Bewusstsein tat, ganz besonders in einer Zeit, in der mein Ego mich glauben machte, dass ich ein sehr klares Bewusstsein hätte.

Leute, die leben, um zu essen, anstatt essen, um zu leben, werden fastende Menschen in einen Topf werfen mit jenem Mann, der sich ständig selbst auf den Kopf schlug, nur weil es so schön war, wenn er dann damit aufhörte! Es stimmt zwar, dass Du Dich nach dem Geschmack von Essen sehnen und Dich darauf freuen wirst nach einem langen Fasten, doch das ist nicht der Grund dafür, es zu tun.

Durch das Fasten entziehen wir dem Körper viele Stoffe, zum Beispiel Fett und Proteine. Das führt zu einem Prozess, den man als Autolyse bezeichnet, ein medizinischer Begriff für Sich-Selbst-Essen. Der Körper beginnt, seine Zellen selbst zu verdauen. Dabei fängt er mit kaputten Zellen, toxischen Ablagerungen und Fett an. Als Folge befreien wir uns während des Fastens von angestautem Müll, der unser System belastet.

Wir verlieren ein wenig Gewicht und werden gereinigt. Das Ergebnis ist, dass wir besser aussehen, uns besser fühlen, mehr Lebensjahre zu erwarten haben und auch mehr Leben in unseren Jahren.

Wenn Du länger als einen Tag fasten willst, dann reinige jeden Tag Deinen Dickdarm mit Hilfe eines Einlaufs, Sauerkrautsaft oder Molke oder irgendeinem handelsüblichen Produkt, das Bewegung in Deine Eingeweide bringt.

Neben all den anderen positiven Effekten, die durch das Fasten hervorgerufen werden, bewirkt es oftmals außerdem ein verändertes Bewusstsein. Mein Bruder Barry hat das einmal wunderbar beschrieben:

> *Auf einmal befand ich mich ganz woanders! Ich schlief aber nicht, definitiv nicht. Ich hatte auch keine Visionen. Es war ein Ort jenseits von Schlaf, Visionen, Gedanken oder Worten. Menschen, die ihre Existenz durch Gedanken und Gefühle definieren, werden sich das nicht vorstellen können.*
>
> *Als ich wieder zu mir kam, kehrten meine Gedanken zu mir zurück. Das Einzige, was mich wissen ließ, dass ich gerade von einem ganz besonderen Ort zurückgekehrt war, waren die Gefühle, die ich hatte, als ich in die bewusste Welt zurückfand.*
>
> *Ich fühlte mich buchstäblich verwandelt. In mir gab es nur Freude und Frieden. Nicht nur ein einfaches Glücksgefühl, dass man empfindet, wenn man gut drauf ist, es war etwas viel Tieferes. Es war diese unglaubliche Glückseeligkeit, die man empfindet, wenn man erkennt, dass alles perfekt ist. Dass alles Gott ist. Dass Du selbst Gott bist. Dass man sich gar nicht anstrengen, sondern einfach nur wachsam sein muss.*

Zum Fasten gibt es eine Menge Bücher auf dem Markt. Eines meiner Lieblingsbücher dazu ist *Are you confused?* von Paavo Airola. Er vertritt den Gedanken, dass Säfte und Gemüsesude einfach nur flüssige Nahrung sind. Folglich fühlt man sich auch nicht, als ob man sich selbst etwas entzieht. Für mich ist diese Methode überhaupt nicht aufwendig, und sie macht Spaß.

Ich empfehle Dir, immer nur einen Tag lang auf einmal zu fasten. Auch wenn ich mehrere Wochen lang gefastet habe, so waren auch das immer nur ein Tag auf einmal. Jeden Morgen beschließe ich dann, an diesem Tag zu fasten. Ich überlege mir nicht im Voraus, ob ich nun zwei oder vier Tage lang fasten will... Es ist immer nur für einen Tag.

Als ich damit begann, das Fasten auf meinen Weg zur extremen Spiritualität mitzunehmen, fastete ich jede Woche einen Tag. Ich nannte diesen Tag den GURU-Tag, für „Gee, you are you!" Das erinnerte mich immer daran, dass mein bester Lehrer mein innerer Lehrer ist. Ich trank an diesem Tag immer eine Menge Saft. Ich hatte überhaupt keinen Hunger. Wenn es nicht gerade ein medizinisches Problem für Dich ist und Du gesund bist, dann kannst Du jede Woche einen Tag lang fasten. Natürlich solltest Du vorher mit Deinem Arzt darüber sprechen.

Mach es zu einem besonderen Tag

Ich habe die Erfahrung gemacht, dass die Menschen sich Vorstellungen vom Fasten machen, die mit der Erfahrung an sich rein gar nichts zu tun haben. Schließlich beschwören ja auch der Gedanke an den Feuerlauf, Fallschirmspringen oder an Glasscherben furchtbare Bilder im Kopf herauf, die voller Gefahren, Verletzungen, Unwohlsein oder Schmerzen sind. Und doch steckt in all diesen Praktiken auf dem Weg der extremen Spiritualität die Möglichkeit, über sich hinaus zu wachsen. Leute haben nicht nur *keine* negativen Erfahrungen mit diesen Praktiken gemacht, sie haben sie sogar genossen!

Ich esse wirklich sehr gern, deshalb ist das einzig schlechte, was ich über das Fasten sagen kann, dass es manchmal etwas langweilig wird. Bilder von Eisbechern können da eine schwere Prüfung sein. Allerdings scheinen all diese Herausforderungen an den Geist gerichtet zu sein, denn körperlich habe ich jede Menge Energiereserven. In Wahrheit habe ich sogar mehr Energie, wenn ich ein paar Tage gefastet habe, als nach einem schweren Essen.

Wenn Du einen Tag lang fasten willst, dann nutze ihn als Möglichkeit, Dein RAS neu zu programmieren. Gib diesem Tag besondere Bedeutung. Lass das Fasten zu einer Metapher werden für ein bedeutsames Ziel, wie eine gute Gesundheit oder eine bessere Beziehung zu Deinem Partner. Wenn Du visualisierst, wie Dein Körper alles abstößt, was Dich von Deinem Ziel trennt, dann kannst Du auch beobachten, wie Deine Organe und sämtliche Körperzellen in perfekter Harmonie zusammenarbeiten.

Meine eigenen Fastentage sind Tage von gesteigerter Aufmerksamkeit. Ich fühle mich dann, als wäre ich Teil eines wunderschönen Gedichtes. Die Blumen scheinen schöner zu blühen, die Luft ist voller Duft, die Vögel singen ein süßeres Lied und der Stress fließt leichter an mir vorbei. Wenn ich längere Zeit faste, spielt sich jeden Morgen ein bemerkenswerter Dialog zwischen meinem Ego und meinem bewussteren

Selbst ab. Das Ego versucht dann, mich davon zu überzeugen, heute mit dem Fasten aufzuhören. Mein bewussteres Selbst erinnert sich dann daran, dass es sich nicht mit dem Ego streiten darf, denn das ist sein Reich – das Ego hat auf alles eine Antwort. Also lädt mein bewussteres Selbst das Ego dazu ein, ihm mehr zu erzählen.

Für mich ist das Fasten eine Möglichkeit, aufmerksamer sein zu können und besser zu verstehen, wie das Ego mich einschränkt und alle Erfahrungen des Lebens mindert.

Wenn mir jemand gesagt hätte, dass ich einmal vierzig Tage lang fasten würde, hätte ich wohl mit hysterischem Lachen reagiert. Der Gedanke war mir so fremd, dass er einfach nur lächerlich erschien. Nach Jahren des Fastens ist meine Gesundheit unerschütterlich geworden, und auch der Alterungsprozess scheint sich merklich verlangsamt zu haben. Fasten ist keine Plackerei, es macht Spaß und ist befriedigend.

Übung

Ich will hier keine Anleitung zum Fasten schreiben, vielmehr möchte ich Dir das Konzept näher bringen. Wenn Du länger als zwei Tage fasten willst, dann musst Du das Fasten manchmal unterbrechen und Dich an bestimmte Richtlinien halten. Aber Du kannst ja erst einmal einen einzigen Tag lang fasten, um festzustellen, wie leicht es ist und wie viel Spaß es machen kann. Deine Selbstachtung wird dadurch gesteigert und Du wirst ein Gefühl der Befriedigung verspüren. Wenn Du zum ersten Mal fastest, dann mach daraus einen besonderen Tag und beginne ihn mit einem Ritual. Bestärke Dein Fasten, indem Du Dir Deine Absichten bewusst machst oder Bestätigungen suchst, die Dein Wachstum unterstützen werden.

Wenn Du Dich nach dem Fasten gestärkt und klarer fühlst, dann wirst Du bestimmt irgendwann einmal länger fasten wollen. Oder Du wirst von nun an jede Woche einen Tag dem Fasten widmen. In jedem Fall solltest Du dann mit Deinem Arzt einige Richtlinien besprechen, die mit der Hydration und Deinem speziellen Gesundheitszustand zu tun haben. Du solltest Dir einiger Dinge bewusst sein, wenn Du fasten willst, und ich kann nicht alle hier in diesem begrenzten Rahmen durchgehen. Wenn Du das Fasten zum festen Bestandteil Deines spirituellen Weges machen willst, dann solltest Du so viel wie möglich darüber lesen. Eine Sache, die ich zwar noch nie irgendwo gelesen habe, aber aus eigener Erfahrung weiß, ist die Zuführung zusätzlicher Elektrolyte während

Deines Fastens. In einigen Sportgetränken sind diese enthalten. Ohne diese zusätzlichen Elektrolyte kann das Fasten unangenehme Muskelkrämpfe verursachen.

Haare ab

Den Preis des Wandels zahlen

Du bist ein Kind Gottes. Wenn Du Dich zurücknimmst, ist der Welt wenig gedient. Es ist nichts Aufschlussreiches daran, wenn Du in Dir selbst zusammenschrumpfst, damit die anderen Menschen sich in Deiner Gegenwart nicht unsicher fühlen müssen.

- Nelson Mandela -

Immer wenn ich das Glatzerasieren in einem meiner Führungsseminare angeboten habe, waren zu meiner Überraschung immer dreimal so viele Frauen wie Männer bereit, das zu tun. Vielleicht sträuben sich die Männer so dagegen, weil sie an den Tag denken müssen, an dem sie keine Wahl mehr haben, ob sie eine Glatze wollen oder nicht. Frauen dagegen werden ihren Kopf höchstwahrscheinlich nur dann nackt sehen können, wenn sie ihn sich rasieren.

Für viele ist es eine viel größere Herausforderung, sich den Kopf rasieren zu lassen, als aus einem Flugzeug zu springen. Das Ego fürchtet sich oftmals mehr vor Veränderung, als vor dem Tod. Wir sind so an das Gesicht im Spiegel gewöhnt und identifizieren uns sogar so sehr mit diesen reflektierten Bildern, als ob wir tatsächlich das wären, was wir da sehen – und zwar nur das! Wenn das Ego Dich mit so beschränkten Parametern wie dem Haarschnitt identifiziert und Du auch noch glaubst, dass es das ist, was Du bist, dann ist es höchste Zeit für eine Glatze.

Vor der Rasur berichtet jede Person, die daran teilnehmen will, den anderen von ihren Beweggründen. Diese Gründe sind vielfältig. Eine

Frau sagte dazu, dass die Glatze eine Herausforderung an sie selbst und an ihre Freunde sein sollte, herauszufinden, wer Linda wirklich war. Ein Mann sagte, es würde ihn mit einer langjährigen spirituellen Tradition in Verbindung bringen. Ein weiterer Mann sagte, er würde seinen Kopf rasieren, weil er sich so sehen wollte, wie er wirklich war – mit all den Narben von einer Haartransplation, die er gemacht hatte. Eine Frau sagte, sie habe sich schon immer eine Glatze rasieren wollen und das wäre doch eine günstige Gelegenheit heute.

Mehr als alles andere ist bei den meisten Menschen der Grund für die Rasur, dass sie das, was sie wirklich sind, von dem, was die Menschen glauben, was sie wären, klar getrennt sehen wollen. Es ist eine Möglichkeit, das Ego und die Persönlichkeit als das zu sehen, was sie sind: Störfaktoren, die uns und anderen die Sicht auf den wahren Menschen verschleiern.

Viele Menschen, die sich in meinen Seminaren eine Glatze rasieren, rufen mich nach einigen Wochen an. Sie berichten mir, dass ihre Beziehungen viel intensiver geworden sind und dass Menschen, die sie zuvor nur flüchtig gekannt hatten, plötzlich tief greifende Konversationen angeregt und sich mit ihnen über persönliche und bedeutsame Dinge unterhalten hätten.

Wir haben uns so sehr an Konformität gewöhnt, dass ein Mensch, der sich von den anderen unterscheidet, sofort außerhalb der Masse steht. Einige dieser Nonkonformisten haben grüngepunktete Haare, seltsame Kleidung, eine Menge Piercings im Gesicht oder Tattoos. Die meisten von uns möchten mit so einem Menschen lieber nichts zu tun haben. Und dennoch assoziieren die Leute einen Menschen mit rasiertem Kopf und einer ruhigen Ausstrahlung mit Spiritualität und fühlen sich von ihm angezogen. Ganz besonders stark trifft das auf Frauen mit einer Glatze zu.

Wenn Du Deinen Kopf rasierst und von neugierigen Menschen auf Deine Motivation hin angesprochen wirst, nutze die Gelegenheit, andere Menschen mit Hilfe Deiner Einblicke anzuregen, selbst in ihrem Leben zu wachsen. Trivialisiere eine solche Begegnung nicht, indem Du dem Menschen die Unterschiede zwischen Dir und ihm aufzeigst.

Betrachte Dein Unwohlsein

Das einzig wirklich Konstante, ist die Gewissheit, dass alles sich wandelt. Meistens werden wir unerwartet mit Veränderungen konfrontiert, und dann müssen wir irgendwie bestmöglich damit zurechtkommen. Kalt erwischt! Völlig unvorbereitet. Manchmal ist es schön, selbst die Verantwortung für Veränderungen in unserem Leben zu übernehmen und sich Ziele darüber zu setzen, welche Erfahrungen man aus dieser Veränderung gewinnen möchte, die man selbst veranlasst hat.

Die meisten Menschen mögen keine Veränderungen. Für sie ist Veränderung etwas Schlechtes. Es ist wichtig, dass Du Dir klar machst, wie Dein RAS in dieser Hinsicht programmiert ist. Wenn es daraufhin programmiert ist, dass es Veränderung als schlecht wertet, dann programmiere es schleunigst neu, damit es Veränderung als etwas Gutes wahrnimmt. Wandlung kann Deinen Horizont erweitern, denn sie befreit Dich von vertrauten Mustern, die bislang Deine Lebenserfahrung bestimmt haben. Wenn Du bisher von Komfort verwöhnt warst, dann erkenne, dass Veränderung Dich wachsen lassen kann, Dir mehr von Dir selbst zeigen kann und auch mehr von dem, was Du werden kannst.

Wie mit allen anderen Annäherungen an die extreme Spiritualität wirst Du vielleicht auch das Glatzeschneiden niemals in die Tat umsetzen. Aber sieh doch, wie allein schon das Lesen darüber Dein Ego veranlasst, sich unwohl zu fühlen. Was sagt Dir das?

Lass den Gedanken an die Glatze Dir dabei helfen, zu erkennen, wie Du selbst Deine Wirklichkeit erschaffst und wie Du Dich selbst wahrnimmst.

Wenn Dein RAS darauf programmiert ist, Veränderung als schlecht zu werten, dann wirst Du Dich vor Veränderung sträuben, und während Du Dich sträubst, wirst Du auch Schaden davontragen. Viele Menschen wollten in Kriegszeiten ihr Zuhause nicht verlassen – das hat sie ihr Leben gekostet. Wenn Du aber Veränderungen willkommen heißt, dann kannst Du aus jedweder Situation das Beste herausziehen. All Deine Reserven sind auf Höchstleistung ausgerichtet. Du kannst die Dinge viel klarer und aus einer einfallsreicheren Perspektive sehen.

Zeig Dich wie Du bist

Bevor ich mir zum ersten Mal eine Glatze rasierte, war ich ein sehr oberflächlicher Mensch, der genaue Vorstellungen davon hatte, wer er war. Leider identifizierte ich meine Persönlichkeit mit all meinen oberflächlichen Eigenschaften. Vielleicht weißt Du ja, dass das Gen für Kahlheit vom Vater Deiner Mutter stammt. Mein Großvater hatte eine Glatze, und so lebte ich mit der ständigen Angst, dass auch mein Haar eines Tages ausfallen würde und ich damit das verlieren würde, was ich als mein gutes Aussehen bezeichnete. Nachdem ich mir eine Glatze rasiert hatte, machte ich eine grundlegende Erfahrung, etwas so Radikales, dass ich eine Woche brauchte, um die Gedanken zu verinnerlichen, die der Vorgang in mir ausgelöst hatte. Am Ende war ich ein vollkommen Anderer. Ich begriff, dass wahre Schönheit wirklich von Innen kommt. Ein schöner Mensch muss nicht unbedingt das haben, was Hollywoodschaupieler oder Covergirls haben. Das Aussehen eines Menschen wird nämlich uninteressant, wenn seine geistige Schönheit aus ihm herausstrahlt. Die äußere Erscheinung verändert sich mit der Zeit, innere Schönheit aber ist ewig.

Während alle anderen extremen Herausforderungen mein Ego zu stärken schienen und ihm eine Stärke verschafften, wie sie Eroberung und Sieg hervorrufen, so hat mich diese Herausforderung eher bescheiden gemacht.

Wenn man sein Ego zurückstellt, ist eine der natürlichen Nebenwirkungen die Demut. Wenn unser Ego und unsere Persönlichkeit auch nur für kurze Zeit an zweiter Stelle stehen, ob nun absichtlich oder nicht, dann erleben wir in diesem Moment eine spirituelle Wirklichkeit. Dieses spirituelle Bewusstsein kann unterscheiden zwischen dem, was wirklich ist und was nicht. Wir werden mit neuen Augen wiedergeboren aus diesem Zustand. Wir erkennen, dass alles, was mit Ego und Persönlichkeit in Zusammenhang steht, nur flüchtige Aspekte dessen sind, was uns wirklich ausmacht.

Daraus resultiert eine Anerkennung der beständigen Teile unseres Selbst, wie Bewusstheit und Liebe. Wenn wir uns mit unserer unveränderbaren Natur identifizieren, scheint unsere Persönlichkeit bei weitem nicht mehr so verführerisch und wir sind zufrieden damit, die einfache Wahrheit der Existenz erkannt zu haben. Der innere Frieden, den dieses tiefe Wissen mit sich bringt, ist die Essenz einer extremen Spiritualität.

Übung

Tu es einfach.

Fußwaschung

Menschlichkeit als Lebensart

Wenn Du wahre Bescheidenheit erlangt hast,
ist es nicht mehr beschämend, sich zu beugen und zu biegen.

- Shaker song -

Generell: Demut ist eine Tugend. Zu einem gewissen Grad ist ein Zurücknehmen des Egos erforderlich. Natürlich bringt es das ruchlose Ego fertig, selbst die Demut noch zu seinen eigenen Zwecken in Szene zu setzen. Das spiegelt sich humorvoll in der Geschichte zweier Weiser wider, worin jeder der Männer bescheidener zu sein versucht, als der andere.

Der Erste kniete nieder und sagte zum Anderen, „Ich bin nicht würdig, Deine Füße zu berühren."

Der Zweite entgegnete, „Mir wäre es eine Ehre, den Staub zu berühren, auf dem Du gelaufen bist."

Der Dialog fuhr fort: „Ich bin nicht einmal so viel wert, wie die Fussel in Deinem Nabel."

„Ich bin nur ein Wurm in Deinen Exkrementen."

Jeder der beiden versuchte, sich bescheidener aufzuführen, als der andere.

Närrischer Stolz und eine Glorifizierung des Egos werden ziemlich oft als das genaue Gegenteil von Spiritualität empfunden. Die heiligen Schriften sprechen sich dagegen aus, seine Rechtschaffenheit öffentlich zur Schau zu stellen. Eine wunderbare Möglichkeit, Deine Spiritualität zu pflegen und Dein Ego zu reduzieren, ist es, Dich in den Dienst eines anderen Menschen zu stellen. Aber hüte Dich vor Selbstdarstellung. Achte darauf, dass, wenn Du sagst, dass Du einem anderen Menschen dienen willst, nicht Deine eigentliche Absicht eine Bestätigung für Dein Ego ist.

Wir befinden uns an einem Punkt unserer Geschichte, an dem gute Menschen vortreten sollten, um die Verantwortung für die Zukunft unserer Kinder auf sich zu nehmen. Um Edmund Burke zu zitieren: „Alles, was das Böse braucht, um zu gedeihen, sind gute Menschen, die nichts tun." Wenn Du Deinen Brüdern und Schwestern dienst, dienst Du dem gesamten Planeten. Wenn sich die Menschen mehr darum kümmern würden, was sie zu geben haben, als um das, was sie kriegen könnten, dann hätten wir heute schon den Himmel auf Erden.

Mehr als 80% der weltweiten Ressourcen werden von 20% der Menschheit konsumiert. Und es gibt keine Nahrungsknappheit; das ist nicht die Ursache für den Hunger. Der Grund für Hungersnöte ist, dass die Ressourcen nicht gerecht aufgeteilt werden. Wenn es überhaupt irgendeine Knappheit gibt auf dieser Erde, dann ist es die Knappheit an Bewusstsein und Mitgefühl.

Eigentlich dienen wir, wenn wir einem anderen dienen, auch nur uns selbst. Wir fördern unsere eigene spirituelle und emotionale Reife. Jedes Mal, wenn wir etwas tun, was unserem Ego die Kontrolle über unsere Realitäten entreißt, können wir einen Funken Gottes erahnen. Es gibt so viele kreative Möglichkeiten, das zu erleben. Du könntest einem blinden Nachbarn etwas vorlesen, einen älteren Menschen bei seinen Einkäufen begleiten, mit Kranken im Krankenhaus Karten spielen, den Müll von der Straße aufheben. Wenn Dir nichts einfällt, wie Du dienen könntest, dann bete einfach: „Gib mir eine Aufgabe, Herr." Solche Gebete werden auf der Stelle erhört. Extreme Spiritualität findet ihren Ausdruck in wahrhaft selbstlosem Dienst.

Ein biblisches Ritual

Als Jesus seinen Jüngern die Füße wusch, half er ihnen, zu begreifen, dass es zwischen Lehrer und Schüler keinen Unterschied gibt, auch nicht zwischen Herr und Diener, zwischen Reichen und Armen, zwischen dem Gebenden und dem Nehmenden. Extreme Spiritualität erkennt Gott in jedem Menschen, auch in uns selbst. Ein Heiliger aus einer anderen Tradition ist der indische Neem Karoli Baba, der einmal gesagt hat: „Liebe jeden Menschen, diene jedem Menschen, und denke an Gott."

In meinen Seminaren versuche ich, den Menschen das Dienen mittels einer einfachen Fußwaschungszeremonie näher zu bringen. Der Raum wird in mehrere Kreise á zehn Stühle aufgeteilt. Eine Person sitzt auf dem Stuhl und eine andere kniet vor ihr. Auf dem Boden eines jeden Kreises steht eine Schüssel mit warmen Wasser und Waschtüchern. Die Leute auf den Stühlen werden gebeten, ihre Schuhe und Socken auszuziehen und ihre Füße auf ein Handtuch zu stellen, das zuvor vor jeden Stuhl gelegt wurde.

Klassische Musik wird gespielt, die kniende Person sagt zu derjenigen auf dem Stuhl: „Bitte diene mir, indem Du mir erlaubst, Dir zu dienen." Dann nimmt sie ein Waschtuch aus der Schüssel mit dem warmen Wasser, wäscht und küsst beide Füße. Danach sehen sich der Gebende und der Nehmende einen Moment lang schweigend in die Augen.

Die Leute auf dem Boden gehen dann jeweils einen Stuhl weiter bis sie allen, die auf den Stühlen sitzen, die Füße gewaschen und geküsst haben. Wenn dieser Kreislauf sich geschlossen hat, tauschen die Leute auf den Stühlen ihre Position mit denen, die zuvor auf dem Boden gekniet haben, neue Wasserschüsseln werden hereingebracht und die Übung wird wiederholt, so dass jeder im Seminar sowohl die Erfahrung des Gebens und des Empfangens machen kann.

Auch wenn es absolut schön ist, diese einfache Zeremonie zu beobachten und an ihr teilzunehmen, so ist sie doch nicht weniger extrem, wie an einem Eimer Hundescheiße zu riechen. In jeder dieser kontrollierten Situationen hast Du die besten Möglichkeiten, Dein Ego bei der Arbeit zu beobachten.

Ob wir nun dienen oder ob uns gedient wird, das Ego wird darauf antworten. Die Menschen auf den Stühlen fühlen sich bei der ganzen Sache meist wesentlich unwohler, als die vor ihnen Knieenden. Obwohl das Ego uns ja überzeugt hat davon, dass es besser ist, zu erhalten, als zu geben, stellen doch die meisten Menschen fest, dass ihre wahre Natur sich beim Geben wesentlich wohler fühlt.

Liebe, diene, denke an...

Bevor ich erkannt habe, dass das Dienen ein obligatorischer Teil der extremen Spiritualität ist, habe ich wie eine Insel gelebt. Ich habe nicht recycled, ich ließ meinen Müll liegen, ich konsumierte viel zu viel und kümmerte mich vor allem um mich selbst. Nachdem ich mir allerdings meiner Rolle im Universum mehr bewusst geworden war, begriff ich, dass, wenn meine Leber an Krebs litt, mein Auge nicht sagen konnte: „Ist doch nicht mein Problem." Genauso verhält es sich mit sozialen Dingen. Ich erkannte, dass es eine größere Wirklichkeit gab, als die, die mein RAS mir als die einzige Wirklichkeit untergejubelt hatte. Also begann ich, mich sozial zu engagieren.

Wenn Du Kinder hast oder jemandem mit Kindern sehr nahe stehst, dann weißt Du, wie schön es sein kann, einem anderen zu dienen. Kindererziehung ist eine ideale Schule, um zu lernen, die Bedürfnisse eines Anderen über die eigenen zu setzen. Obwohl die meisten Menschen es wohl vorziehen würden, in der Nacht durchzuschlafen, so stehen frischgebackene Eltern doch mehrfach nachts auf, um ihr Baby zu füttern, es zu beruhigen und seine Windeln zu wechseln. Auch wenn es routiniert erscheinen mag und ohne besondere Freude vonstatten geht, so steckt doch eine tiefe Befriedigung dahinter.

Übung

Rufe Dir einige Anlässe in Erinnerung, wo Du die Bedürfnisse eines anderen über Deine eigenen gestellt hast. In einigen dieser Fälle hast Du Dich vermutlich sehr gut gefühlt. In anderen Fällen hast Du vielleicht wirklich die Bedürfnisse des anderen über Deine eigenen gestellt, Dich aber nicht wirklich gut dabei gefühlt.

Frage Dich, warum Du Dich bei einigen Erinnerungen nicht gut fühlst, bei anderen aber schon.

Du wirst bald merken, dass Liebe den Unterschied macht. Wenn Dein Herz offen ist, gibt es Dir ein gutes Gefühl, anderen zu dienen.

Die Feinde lieben

Mehr als nur Vergeben

Bekämpf das Böse mit dem Guten,
Falschheit mit Wahrheit, Hass mit Liebe.

- Peace Prilgrim -

Deine Feinde lieben? Im ersten Moment schien mir das völlig unmöglich zu sein. Als ich aber begann, darüber nachzudenken, verschaffte mir allein schon dieses Nachdenken Einblicke in meinen eigenen übrig gebliebenen Ärger. Heilung für Ärger war, wie ich feststellte, Mitgefühl. Sie sind miteinander verbunden wie die beiden Seiten einer Münze.

Mir hat einmal jemand meine brandneuen Winterreifen zerstochen. Nicht nur, dass sie mir innerhalb von 24 Stunden, nachdem ich sie gekauft hatte, zerstochen wurden – es war auch noch an Heiligabend!

Die Menschen zu lieben, die nett zu uns sind, ist nicht besonders schwierig. Das kann wohl jeder. Erst, wenn wir Menschen lieben können, die uns verletzen, erfahren wir extreme Spiritualität.

Als ich an diesem Weihnachtsmorgen aufwachte und meine vier zerstochenen Reifen vorfand, dachte ich nicht im Geringsten daran, meine Feinde zu lieben. Ich hatte die Reifen schließlich erst am Tag vorher gekauft und wurde ziemlich wütend. Ich hielt mich für einen gerechten Menschen. Mein Sinn von Gerechtigkeit beinhaltete auch, denjenigen zu bestrafen, der mich in irgendeiner Weise angriff. Und deshalb hätte ich natürlich sofort vor lauter Ärger und Aufregung platzen können.

Doch in diesem Moment traf mich der Geistesblitz und ich verstand, dass ich nun die einzigartige Möglichkeit hatte, mich in etwas zu üben, das mir bislang nur verstandesmäßig bekannt war. Anstatt mich selbst zu bemitleiden, empfand ich Mitgefühl für den Menschen, der das getan hatte. Was für ein trauriger, wütender und unglücklicher Mensch das sein musste. Ich wollte definitiv lieber ich selbst sein, als dieser andere Mensch, den seine schlechten Gefühle zu Zerstörung veranlassten. In diesem Fall das Opfer zu sein, schien mir die weitaus weniger schmerzhafte Position. Vielleicht kennst Du ja jemanden, dem etwas so gemeines und dramatisches geschehen ist, dass meine Reifengeschichte dagegen wie Peanuts wirken muss. Aber manchmal erscheinen uns selbst die kleinen Ungerechtigkeiten des Lebens, wenn sie ausgerechnet uns treffen, wie eine griechische Tragödie.

Das größte Geschenk

Zu meinem Erstaunen fand ich mich wirklich mit einem offenen Herzen wieder, ich empfand Mitgefühl für den Reifenzerstecher. Ich habe mir nie vorstellen können, wie bestärkend das sein kann. Anstatt mich wie ein Opfer zu fühlen, fühlte ich mich wie ein spiritueller Meister. Es war eine erleuchtende Erfahrung von etwas, das mir jahrelang ein Rätsel war: wenn Du extreme Spiritualität leben willst, wirst Du irgendwann anfangen müssen, Deine Feinde wahrhaftig zu lieben.

Die Autorin Mary Crowley ruft uns in Erinnerung, dass die Menschen der Liebe am meisten dann bedürfen, wenn sie sie am wenigsten verdient haben. Wenn Du so etwas Radikales tust, wie Deine Feinde zu lieben, dann kriegt Dein RAS regelrecht Krämpfe! Diese Reaktion auf das Leben widerspricht der Programmierung von so ziemlich jedem Menschen. Wir sind nicht darauf programmiert, die zu lieben, die uns verletzen. Das widerspricht unserem Überlebensinstinkt. Deshalb wird man nur wenige Menschen finden, die diese Lehre Jesu wirklich leben. Selbst diejenigen, die sich selbst als eingefleischte Christen bezeichnen würden, haben es schwer mit dieser Aufgabe. Doch wir als Menschen haben uns bereits über den Punkt hinaus entwickelt, an dem nur die Besten, die Kampferprobtesten überleben können.

Fange an, Dich im Vergeben zu üben. Mach eine Liste mit all den Menschen und Situationen, denen Du noch nicht vergeben konntest. Geh diese Liste durch und überlege, wem Du nun zu vergeben bereit bist. Tu, was auch immer nötig ist, um die Wunde zu heilen, ob Du Dir nun Bestätigung einholst, einen Brief schreibst oder einen Anruf machst. Wenn Du glaubst, dass Du nun fertig damit bist, stecke jenes Ereignis in eine geistige rosa Seifenblase und lasse sie davon schweben. Übe Dich jeden Tag im Vergeben. Das kostet einigen Aufwand, aber es ist die Anstrengung wert.

Du wirst das ganze auch nicht intellektuell schaffen können. Liebende Vergebung braucht einige Übung. Du wirst immer ganz deutlich merken, ob Du gerade Vergebung übst, indem Du aufpasst, wie Dein Körper sich fühlt. Wenn Du irgendetwas anderes als Ekstase empfindest, dann bist Du in Deinem Kopf, nicht in Deinem Herzen.

Wenn Du die Vergebung gemeistert hast, kannst Du Dich auf die nächste Übungsstufe begeben: Du kannst die lieben, die Dich verletzen. Verständlicherweise kann das sehr schwierig sein; aber ehe Du es nicht zum ersten Mal wirklich getan hast, kannst Du auch nicht verstehen, wie Du Dich als Folge daraus fühlen wirst. Dieser Aspekt der extremen Spiritualität ist dem Feuerlaufen, dem Fallschirmspringen oder dem Steinzerschlagen gar nicht so unähnlich. Und das Ergebnis ist nicht weniger beeindruckend.

Wenn Du Dich schwer tust damit, jemandem zu vergeben und zu lieben, der Dich einmal verletzt hat, dann frage Dich: „Ist es das wert, dass ich mein Herz verschließe?“, oder um es mit den Worten von Sosigenes zu sagen:

> *Der Ärger eines guten Menschen hält nur für einen kurzen Moment, egal, was ihm angetan wurde. Der Ärger eines oberflächlichen Menschen hält für zwei Stunden an. Der Ärger eines Herzlosen dauert eineinhalb Tage lang. Doch wer wahrhaft böse ist, den wird der Ärger ein Leben lang begleiten.*

Übung

Mache eine Liste von allen Menschen, die Du kennst, und bringe sie in eine Reihenfolge, beginnend mit denen, die Du am liebsten magst und abschließend mit denen, die Du am wenigsten magst.

Wer steht nun am Ende der Liste? Wahrscheinlich jemand, den Du verabscheust. Vielleicht Dein Onkel Schleimi?

Nun stelle Dir folgendes Szenario vor: Du hast Dir eine Berghütte gemietet. Darin willst Du ein paar Tage in aller Abgeschiedenheit verbringen, und Du nimmst Deine Lieblingsbücher mit, Dein Lieblingsessen und

Deine Lieblingsmusik. Kurz nachdem Du Dich in Deiner Hütte heimisch gemacht hast, geht ein unerwarteter Schneesturm los. Aber Du bist gut darauf vorbereitet und findest es sogar sehr schön mit all Deinen Lieblingssachen allein in dieser verschneiten Hütte zu sein.

Aber dann kommt Onkel Schleimi zur Tür hereinspaziert.

Während dieser Übung stell Dir Onkel Schleimi genau vor Deinem inneren Auge vor. Wie fühlst Du Dich dabei? Stell Dir vor, Du wärest nun einige Tage lang mit ihm in dieser verschneiten Hütte eingeschlossen. Wie fühlst Du Dich damit?

Als Schüler der extremen Spiritualität weißt Du bereits, dass es nicht Onkel Schleimi ist, der diese negativen Gefühle in Dir hervorruft. Du selbst bist für sie verantwortlich, denn sie sind Deine Reaktion auf Onkel Schleimi. Der Kern dieser Übung soll es sein, dass Du Deinen Onkel Schleimi bedingungslos lieben kannst.

Schließe Deine Augen und rede mit Deinem Onkel. Sage laut: „Ich werde diese paar Tage mit Dir in dieser Hütte verbringen, und so werde ich mein Herz offen halten..."

Vielleicht schaffst Du es zu diesem Zeitpunkt noch nicht, Dein Herz wirklich offen zu halten. Aber wenn Du diese Übung machst, kannst Du vielleicht zumindest auf intellektueller Ebene herausfinden, was Du zu tun hast, wenn Du die Kraft erfahren willst, die die Liebe zu denen mit sich bringt, die Du eigentlich als nicht liebenswert eingestuft hast.

Aktives Leiden

Das Unakzeptable akzeptieren

Frieden wirst Du finden,
wenn Du den Sinn Deines Leidens erkennst.

- Viktor Frankl -

Es gibt eine Geschichte von einer jungen Mutter, die stolz ihr neugeborenes Baby bei ihren Nachbarn präsentierte mit den Worten: „Seht Euch diesen kleinen Buddha an. Er lebt in Glückseligkeit." Nachdem alle ihr schönes Baby bewundert hatten, korrigierte sie einer der Nachbarn sanft: „Ein Buddha ist einer, der das Leiden überwunden hat und dann zur Glückseligkeit gelangt. Das Baby hat noch nicht genug erlitten, um schon ein Buddha zu sein."

Emotionales Leiden ist die Frucht negativer Gefühle, nicht die negativer Erfahrungen. Was meine ich nun mit Leiden? Leiden ist Hass, Ärger, Angst, Schmerz, defensives Verhalten, Verbitterung, Besorgnis, Eifersucht, Unsicherheit, Depressionen oder Trauer um einen Menschen oder einen Umstand.

Die Wahrheit ist, schlicht und einfach, wenn Du noch immer leidest, dann hast Du noch nicht genug gelitten. Leiden ist nicht die Folge eines Ereignisses; es ist die Reaktion auf die Ereignisse. Ich will nicht behaupten, dass Du traumatische Erlebnisse haben musst, doch ehe Du nicht eine spirituelle Antwort auf solche Vorfälle hast, dann kehren sie scheinbar immer wieder und wieder, bis Du gelernt hast, was Du daraus lernen solltest. Das ist eine grundlegende spirituelle Wahrheit.

Menschliches Leiden kann durchaus zweckdienlich sein. Es ist wie die Hitze in einem Backofen. Auch wenn alle benötigten Zutaten zusammengeworfen wurden, so müssen wir dennoch erst gekocht werden, sozusagen als notwendiger Teil des Wachstums. Unser Leiden hilft uns, in die Person hinein zu wachsen, die wir einmal werden. Ich habe gelernt, meinem Leiden dankbar zu sein.

Wenn Du Dich noch im Backofen befindest und die Hitze erträgst, dann ist das völlig in Ordnung. Solange Du noch leidest, kannst Du versichert sein, dass Du noch nicht genug gelitten hast. Du bist erst dann komplett gebacken, wenn Du Dich bewusst entschließt, von nun an nicht mehr zu leiden. Wenn Du vom Leiden gelernt hast, was es Dich lehren sollte, dann kannst Du beschließen, ab jetzt Deine Lektionen durch positive Erfahrungen zu lernen. Nur Du und Du allein kannst dem Negativen in Deinem Leben ein Ende setzen. Das ist persönliche Verantwortung.

Du bist kein Opfer

Solange Du irgendwem oder irgendetwas die Schuld für Dein Leiden zuweist, wirst Du Dich wie ein hilfloses Opfer fühlen, das darauf wartet, dass irgendwer oder irgendetwas außerhalb Deiner selbst Dich befreien wird. Aber das führt nur dazu, dass Du im Ofen drin bleibst.

Mit einem offenen Herzen fühlt man sich viel besser, als mit einem verschlossenen. Positive Gefühle sind etwas viel Schöneres, als negative. Trotzdem ist es nicht einfach die Entscheidung, Dein Herz nun zu öffnen, die Dein Leiden beenden kann. Du musst wachsam bleiben und Dich wieder und wieder und *wieder* dazu entschließen, Dein Herz zu öffnen und es offen zu lassen, wenn Du Dein Leiden wirklich beenden und nicht zurück in Deine alten Muster verfallen willst.

Der beste Weg, sich von der beengenden Programmierung des RAS zu befreien, ist, aktiv in Dein Leiden hineinzugehen. Damit wirst Du erkennen können, wie Dein RAS genau das produziert, was Du nicht haben willst. Wenn Du Dich zum Beispiel voll und ganz auf Deinen Ärger einlässt, wirst Du bald schon feststellen, dass Du Dich eigentlich nicht über das so sehr ärgerst, von dem Du dachtest, dass es das wäre. Unsere Negativität steht oftmals mit Dingen im Zusammenhang, mit denen wir uns niemals wirklich beschäftigt haben. Eine ganze Menge Verwirrung hebt sich auf, wenn wir uns einfach auf unseren emotionalen Schmerz einlassen, anstatt vor ihm davonzulaufen.

Dieses aktive Leiden kann sicherlich sehr intensiv sein, denn schließlich befindest Du Dich ja noch immer im Backofen, und nun drehst Du auch noch die Temperatur höher.

Blicke in Dich hinein und beobachte genau, was Du Dir selbst sagst in genau dem Moment, in dem Du den größten Schmerz verspürst. Kannst Du Dir vorstellen, auch etwas anderes zu sagen? Was könntest Du sagen, um ein anderes inneres Erlebnis zu erzeugen? Wenn Du wirklich bereit bist, die Verantwortung dafür zu übernehmen, dass Dein Herz immer offen ist, dann wirst Du das sagen oder tun, was gerade nötig ist. Als Erstes musst Du Dir jedoch in jedem Fall in Erinnerung rufen, dass Du Dich bewusst dafür entschieden hast, Dein Herz offen zu halten.

Ohne anhaltende Übung kann Gutes zu Schlechtem werden

Ich kannte mal einen jungen Mann: John. Er war freundlich und aufmerksam. Er war ein spiritueller Mensch. Und dennoch wurde er mit den Jahren zu einem verbitterten, hasserfüllten und gemeinen Wesen. Was war da passiert?

Wie es vielen von uns geht, wenn wir älter werden, so wurde John mit der Zeit unzufrieden mit seinem Leben. Anstatt sich selbst neu zu überdenken und zu überlegen, wie er sein Leben ändern könnte, begann er, anderen die Schuld daran zu geben. Als er aufhörte, für sein Leben selbst die Verantwortung zu tragen, verhielt er sich schlecht und rechtfertigte sein armseliges Benehmen mit irgendwelchen Entschuldigungen: man hat mich beschimpft, man hat mich betrogen, man hat mich benachteiligt...

Er hörte auf, seine kleinen Rituale zu praktizieren, die ihn in einer spirituellen wachstums-orientierten Wirklichkeit verankerten.

Juwelen muss man schleifen, damit sie glänzen

John hatte nicht genug gelitten. Sein Leben war einfach verlaufen, ohne jede Reibung, die eine Hitze hätte erzeugen können. Und da wir nun einmal Hitze brauchen, um gebacken zu werden, hatte John keine Gelegenheit gehabt, einmal wirklich ernsthaft zu leiden.

Er wird also weiter leiden, bis er genug gelitten hat. An diesem Punkt wird er dann sagen können „Genug!“ und die Verantwortung für seine

Leiden selbst übernehmen. Er wird dann nicht mehr glauben, er sei ein Opfer der Umstände, ohne selbst die geringste Kontrolle darüber zu haben. Er wird lernen, dass er in seinem Inneren nach dem suchen muss, was verändert werden muss. Er wird erkennen, dass es gar nicht so sehr darum geht, was uns geschieht, sondern vielmehr darum, was wir daraus machen. Es *ist* möglich, sein Herz immer offen zu halten, ganz egal, was auch passiert.

Schmerzlicher ist es, nicht zu wachsen

Solange Du nicht begreifst, dass Leiden eine Reaktion ist, kannst Du auch keine andere Reaktion auswählen. Wenn Du aber erst einmal erkannt hast, dass Du kein vorprogrammierter Roboter bist und durchaus die Möglichkeit hast, zu wählen, wie Du reagieren willst, und wenn es sich dabei auch um das schlimmste Trauma handelt, dann kannst Du Dir eine ebensolche Erfahrung erschaffen, wie sie jeder anderer Mensch erzeugen kann, der sein Leiden überwunden hat, indem er emotional und spirituell gewachsen ist.

Wenn Du Dich einmal entschieden hast, dass Du nun genug gelitten hast und die Verantwortung dafür übernehmen willst, dass Dein Leiden endet, dann wird alles zur Lektion, zu einem Spiel oder sogar zu einer aufregenden Entdeckungsreise. Das Leben wird Dich weiterhin mit harten Situationen konfrontieren, aber Du wirst definitiv nicht mehr darunter leiden. Vergiss nicht, dass Wachstum sehr intensiv vonstatten gehen kann. Aber die Alternative ist ätzend.

Wenn Du noch immer leidest, dann befindest Du Dich offenbar in einem Lebensabschnitt, in dem Du leiden *sollst*. Darum sei zumindest dankbar, dass Dein Leiden Dir damit dient, dass es Dich auf die nächste Stufe vorbereitet. Vielleicht wirst Du nun voller Begeisterung sagen: „Ich habe *genug* gelitten!" Die Begeisterung bringt eine Energie mit sich, die für ein bewusstes Wachstum unerlässlich ist. Dein Leiden kann Dein Wachstum beschleunigen – oder aber auch nicht. Du entscheidest selbst, was Du aus Deinem Leiden lernen willst und wo es Dich hinführen soll: nach vorn oder zurück, oder stecken bleiben und nirgendwohin gehen.

Das Leiden soll ein Kapitel Deines Lebens sein, nicht aber die ganze Geschichte. Auch wenn dieses Kapitel sehr, sehr, sehr lang ist, so geht die Geschichte dennoch weiter... wenn Du bereit bist, weiterzugehen.

Emotionales Leid ist spirituelles Leid

Das Leiden ist immer emotionaler Natur. Wenn wir physische Schmerzen auszustehen haben, ist das Leiden unsere emotionale Antwort auf den Schmerz. Es ist eine Reaktion auf den Schmerz und auf schmerzliche Situationen, wie den Tod eines Familienmitglieds. Ein Weg, den Schmerz zu beenden, auch inmitten des allergrößten Schmerzes, ist es, die Quelle dieses Schmerzes als eine Herausforderung zu betrachten, die Dir hilft, zu wachsen. Aus Sicht einer extremen Spiritualität ist jegliches emotionales und psychologisches Wachstum auch ein spirituelles Wachstum.

Ich habe freiwillig in Krankenhäusern und Fremdenheimen gearbeitet. Ich habe Menschen mit enormen Schmerzen kennen gelernt. Die Einen begegnen dem mit Gelassenheit und Frieden, andere schreien und krümmen sich. Woher aber diese unterschiedlichen Reaktionen? Manche Menschen fühlen sich wie kleine Kinder, die bestraft werden. Für sie ist der Schmerz, als würden sie mit einer Peitsche geschlagen. Andere betrachten sich selbst als so viel größer als den Körper, der den Schmerz ertragen muss, dass ihnen der Schmerz im Vergleich dazu relativ gering erscheint. Meine eigenen Erfahrungen mit dem Leiden habe ich nach meinem Autounfall machen können. Monate vergingen, und ich befand mich Nacht für Nacht in einem Todeskampf mit meinen Schmerzen. In einer Nacht schrie ich laut: „Gott, warum muss ich nur so leiden?“ Die Antwort folgte auf der Stelle: „Weil Du Dich nur dann an *mich* wendest!“ In diesem Moment fiel eine erstaunliche Gelassenheit auf mich herab, und ich fand endlich Frieden. Kein Gott, kein Frieden. Finde Gott, finde Frieden.

Wenn Dein Leiden Dich zu einem weiseren, mitfühlenderen und großzügigeren Menschen macht, dann hat es einen guten Zweck erfüllt. Wenn Dein Leiden Dich zu Gott führt, dann hat es einen großartigen Zweck erfüllt.

Übung

Wenn Du im Moment leidest, rufe Dir die Geschichte von dem Mönch, den Tigern und der Erdbeere in Erinnerung. Beeinflusse nun ganz bewusst Dein Erleben des Leidens, indem Du nach den Erdbeeren suchst und Dich auf sie konzentrierst, anstatt auf die Tiger.

Was Du auch tun kannst, ist die Situation neu zu bewerten, um ihren Wert zu erkennen. Anstatt Dir zu sagen, dass Du schwach seist, weil Du beschimpft wurdest und das schlecht ist, sage Dir, dass Du stark bist, weil Du beschimpft wurdest und das gut ist.

Katastrophen können die Einen zerbrechen, während andere zu immenser Kraft gelangen. Du kannst zu den Menschen gehören, die jederzeit eine selbst gewählte Antwort an das Leben geben können. Hast Du nicht genug gelitten?

Unsichtbare Führung

Ein inneres Pendel erwecken

Intuition ist Führung durch die Seele,
jeder Mensch kann sie verspüren,
wenn sein Geist ruhig ist.

- Paramahansa Yogananda -

Es ist schön und bestärkend, wenn man Hilfe durch eine schwierige Aufgabe bekommt. Und glaube mir, nichts ist schwieriger, als sich selbst zu verwandeln. Glücklicherweise ist Dir diese Hilfe immer gewiss, wenn Du die extreme Spiritualität praktizierst, und zwar in Form von unsichtbarer Führung oder in Form von Gnade. Lass sie Dir helfen, an Deine spirituellen Ziele zu gelangen.

Ich werde nun eine Technik beschreiben, wie Du Dir die unsichtbare Führung zunutze machen kannst. Befestige einen Ring oder irgendeinen anderen schweren Gegenstand an ein 30 cm langes Stückchen Schnur. Gratulation! Du hast soeben einen Bioresonanz-Apparat gebaut, der im allgemeinen als Pendel bekannt ist.

Wenn Du die Schnur hältst und den Ring frei schweben lässt, kannst Du nun beobachten, welche Bewegung er auf Ja- und Nein-Fragen macht. Eine innere Kraft, viel subtiler als das Ego oder das RAS, bringt den Ring dazu, vor oder zurück zu schwingen, nach Norden und Süden oder nach Westen und Osten. Auch kann er mit dem Uhrzeigersinn schwingen oder dagegen. Das Pendel an sich erzeugt nicht die Antworten. Du selbst bist die Kraft, welche die Schwingung des Pendels auf subtile Weise veranlasst.

Wenn Du einmal herausgefunden hast, welche Antworten das Pendel Dir gibt (zum Beispiel könnte ein Schwingen im Uhrzeigersinn Ja bedeuten, eine Vor- und Rückwärtsbewegung Nein), kannst Du ihm Fragen stellen und dabei sicher sein, dass die Antworten von einer höheren Macht als Deinem Ego bestimmt werden. Stelle Deine Frage aus Deinem rationalen Verstand heraus, dann erwarte eine Antwort aus Deiner inneren Quelle der unsichtbaren Führung.

Auch Dein physischer Körper kann eine wunderbare Führungsquelle sein. Achte gut auf die inneren Stimmen, die Dir in allen möglichen Situationen Rat geben. Lausche darauf, welche der Stimmen die größte Entspannung in Deinem Körper erzeugt. Vertraue Dich ihrer Führung an. Erkenne jene Stimme in Dir, die laut wird, wenn Dein Rücken sich verspannt oder Dein Magen schmerzt. Diese Stimme solltest Du verbannen!

Manchmal fragen sich die Leute im Stillen, wenn sie nach Führung in einer bestimmten Situation bedürfen, „Was würde Jesus oder Gandhi tun?“ Diese Fragestellung ist ein mächtiges Werkzeug und kann Dir dabei helfen, Dich aus der Situation und aus Deinem Ego heraus zu bewegen und die Angelegenheit objektiv zu betrachten. Diese beiden Männer gehören zu den größten Menschen, die mit einem offenen Herzen gelebt haben. Darum hilft schon allein die Vorstellung ihrer Reaktionen auf Deine Situation dabei, an welche Handlungen Du Dich, gemessen an ihrem Standard, halten solltest. Ein Freund von mir verwendet diese Technik, er verwendet Captain Picard aus Star Trek als Ratgeber, und auch das funktioniert! Jeder Mensch, dessen Leben Du bewunderst, der voller Mitgefühl, voller Akzeptanz und Liebe ist, kann für Dich zum geistigen Führer werden.

Ich schätze diesen Aspekt der extremen Spiritualität sehr. Er erlaubt uns eine persönliche Beziehung zu einem unsichtbaren Universum.

Hilfe rund um die Uhr

Es tut gut, zu wissen, dass Deine inneren Helfer und Führer wie eine innere Hilfehotline rund um die Uhr für Dich da sind. Wenn Du Dich darauf einlässt, wirst Du bald erkennen, dass Deine reifende Intuition eben jene Kraft ist, welche Dir mehr von dem geben kann, was Du willst und Dir das erspart, was Du nicht willst.

Du erfährst Liebe und Unterstützung von jener Macht, die Dich geschaffen hat und von der Du niemals getrennt warst, deshalb wirst Du

Deine Intuition als die Erziehung und die Pflege erkennen, die Gott Dir entgegenbringt. Gütige Fügung und zufällige Momente von Gleichzeitigkeit wirst Du dann als Zeichen erkennen, die Deine spirituelle Verbindung bestätigen und ein Beweis Deiner extremen Spiritualität sind.

Es herrscht die Phantasie

Es gibt keine Regeln dafür, wie Du Deine Beziehung zu Deiner inneren Führung gestaltest. Du kannst Dir einen Engel vorstellen, der Dich überallhin begleitet. Du kannst Deinen Engel als Resonanzboden verwenden, um neue Ideen und Pläne zu diskutieren, oder als Unterstützung in einer Prüfung. Dein Engel könnte Dich belustigen und Dir so helfen, das Witzige an Deinen Streitereien mit Deinem Ego zu erkennen. Du kannst so viel Spaß haben, wie Du willst, und dennoch die spirituelle Gnade erfahren, Dich von einer höheren Macht leiten zu lassen.

Begrenze nicht die Möglichkeiten, wie diese Führung Dich erreichen kann. Bete um sie. Halte Ausschau nach Vorzeichen. Konsultiere ein Orakel. Suche nach Visionen. Suche ein Medium auf. Entdecke das Channeling. Rede mit Naturgeistern. Kauf Dir ein Hexenbrett. Letztendlich ist diese Führung das, was uns *individuell* mit dem Großen Geist in Verbindung bringt.

Übung

Bittest Du manchmal um ein Zeichen von Oben oder von Deinem Inneren, damit es Dir bei einer Entscheidung hilft? Die Antworten können ganz charakteristisch und ausführlich erscheinen oder auch total komisch. Ein Beispiel: Du bist gerade beim Gebrauchtwagenhändler und versuchst, Dich zu entscheiden, ob Du diesen einen bestimmten Wagen kaufen sollst oder nicht. Du bittest um ein Zeichen, und innerhalb der nächsten drei Sekunden kackt ein riesiger Vogel auf die Windschutzscheibe. Das könntest Du dann unbesorgt als Antwort auf Deine Frage auffassen!

Zur Übung in der extremen Spiritualität suche ganz bewusst nach unsichtbarer Führung. Bitte um Zeichen, und dann halte nach ihnen Ausschau. Auch kannst Du um Hilfe bitten, wie Du die Zeichen, die Dir gesandt wurden, interpretieren sollst. Du wirst sehr schnell eine Beziehung zu Deinem inneren Pendel aufbauen, und es wird Dir genau sagen, welchen Zeichen Du trauen kannst und welchen nicht.

Wenn Dir der Gedanke der Führung gefällt, möchtest Du Dir vielleicht eine Ausgabe des I-Ging kaufen. Es wurde viele tausend Jahre schon als zuverlässige Form der Führung verwendet. Man hielt es für so akkurat, dass unzählige chinesische Herrscher sich Jahrhunderte lang auf seine unbeirrbare Führung verließen.

Der Wille zur Schlichtheit

Ein Leben jenseits Deiner Ansprüche

Freiheit ist nur eine andere Umschreibung dafür,
nichts mehr zu verlieren zu haben...
und nichts hast Du, wenn Du nicht frei bist.

- Janis Joplin -

Buddha lehrt uns, dass Sympathie Leiden hervorruft. Je mehr Leidenschaften wir besitzen, umso größer ist die Gefahr für uns, etwas verlieren zu können und zu leiden. Die Bibel sagt uns, dort, wo Dein höchstes Gut sich befindet, dort wird auch Dein Herz sein. Hinduistische Schriften fordern uns wieder und wieder auf: Vereinfache! Vereinfache! Vereinfache! Wenn auch die meisten Leute das intellektuell durchaus begreifen können, so ist doch ein reduzierter Lebensstil eine absolut extreme Praktik, und es gibt nur wenige Menschen, die freiwillig die Schlichtheit leben.

Führt ein vereinfachter Lebensstil zu spirituellem Fortschritt oder ist es der spirituelle Fortschritt, der schließlich zu einem vereinfachten Leben führt? Die Antworten lauten Ja und Ja. Ein einfaches Leben zu führen, bedeutet, weniger Zeit darauf zu verwenden, irgendwelchen Kram heranzuschaffen – was auch immer dieser Kram für Dich sein mag. Dann brauchst Du auch weniger Zeit, um den Kram zu vermehren oder zu beschützen und musst auch keine Angst mehr haben, dass Dein Kram veraltet oder überholt sein könnte. Wenn Dein Kram nicht Deine gesamte Aufmerksamkeit in Anspruch nimmt, kannst Du die freie Zeit nun auf Dein spirituelles Wachstum verwenden. Meistens ist Dein Kram einfach nur eine große Behinderung. Wenn Du Deinen materialistischen Lebensstil eintauschst, mögen das Deine Bekannten vielleicht komisch finden. Schließlich gilt es in unserer Kultur als ein Zeichen des Erfolgs, wenn man eine Menge Kram angehäuft hat. Wenn Du Dich der Einfachheit im Sinne der extremen Spiritualität verschreibst, kann es passieren, dass Du aus alten Freundschaften plötzlich herauswächst.

Wenn wir uns bewusst dafür entscheiden, als Übung der extremen Spiritualität schlichter zu leben, dann können erstaunliche Dinge geschehen. Wenn wir uns erst einmal befreit haben von der Hektik, die nun einmal nötig ist, um die meisten Lebensstile aufrechtzuerhalten, dann können wir uns auch von der Hektik in unseren Köpfen endlich verabschieden. Denn die äußere und die innere Hektik sind nur Spiegelbilder voneinander.

Wenn Du Schulden hast, fühlst Du Dich wie auf einer Tretmühle; all Deine Energie, die Du auf Dein persönliches Wachstum verwenden könntest, geht für das ewige Jonglieren mit Rechnungen drauf. Unter Deinem Standard zu leben und damit mehr Zeit zu besitzen, um an Dir selbst zu arbeiten, ist ein wunderbares Beispiel für extreme Spiritualität in der Praxis. Anstatt zum Beispiel einen Neuwagen zu kaufen, könntest Du auch einen gebrauchten Wagen nehmen, der weniger Kraftstoff verbraucht und trotzdem noch ausgezeichnet fährt. Anstatt ständig in teuren Restaurants essen zu gehen, könntest Du auch mal darauf verzichten und selbst ein Essen bereiten, das ein bisschen weniger kostenintensiv ist. Du musst Dich ja nicht gleich komplett umstellen; verändere einfach ein paar kleine Dinge hier und da, und Du wirst erstaunt sein, wie viel Zeit Du plötzlich hast.

Wenn Du unter Deinem Standard lebst, hast Du auch immer einen finanziellen Überschuss, den Du nun großzügig mit anderen teilen kannst. Wenn Du unter Deinem Standard lebst, wirst Du Dich sicher und entspannt fühlen. Wenn Du unter Deinem Standard lebst, hast Du viel mehr Kraft und Zeit für spirituelle Übungen. Wenn Du unter Deinem Standard lebst, hilfst Du aktiv mit, unsere Umwelt zu erhalten, denn Du konsumierst weniger von ihren natürlichen Ressourcen.

Ich habe mich entschlossen, ein einfaches Leben in einer kleinen Berghütte zu führen und kann mich so wohltätig engagieren. Ich habe mehr Zeit für meine Kinder, für Sozialdienst, zum Lesen, Wandern, Yoga, Meditation, zum Wildblumen bewundern, Gitarre Spielen, am Fluss Sitzen, Zeit, mich in meine Hobbies zu vertiefen oder in meine heiße

Badewanne. Ich kann öfter Urlaub machen und öfter reisen, um meine persönliche Entwicklung voranzutreiben.

Ich gebe sogar manchmal Seminare bei mir zu Hause, denn meine Art zu leben macht eine klare Aussage. Es ist eine Demonstration dessen, an was ich glaube. Mach auch Du Dein Leben zu einem Beispiel für andere.

Die Gabe der Schlichtheit

Ein altes Shakerlied beginnt mit den Zeilen: „Es ist die Gabe der Schlichtheit, es ist die Gabe der Freiheit.“ Im Laufe unserer Geschichte gab es immer wieder Menschen, so wie Franz von Assisi, Buddha, Lao Tse und einige andere, die ein einfaches Leben gewählt hatten. Von ihnen kann man einiges lernen. Viele dieser spirituellen Größen begannen ihr Leben umgeben von Wohlstand, diesen haben sie jedoch später aufgegeben und sich freiwillig für ein schlichtes Leben entschieden. Sogar in einigen Dritte Welt Ländern, wo das Leben gezwungenermaßen einfach ist, konnte ich beobachteten, dass die Menschen dort mit weitaus weniger Stress leben, als wir hier in den USA. Sicherlich haben auch sie Stress, nämlich dann, wenn Hunger und Krankheiten, Korruption und Gewalt sie heimsuchen; aber in Ländern wie Mexiko, wo die Menschen genug zu essen und einen schlichten Lebensstil haben, scheinen mir die Leute in den kleinen Dörfern nicht gerade unglücklich zu sein. Sie werden nämlich nicht verseucht von der Fernsehwerbung, die sie solange unbefriedigt bleiben lässt, bis sie nicht das neueste Produkt in ihren Händen halten und damit am Haken der großen PR-Firmen der Madison Avenue hängen.

Wenn Du das nächste Mal in einer Einkaufspassage bist, achte mal auf die Menschen dort. Anstatt das tolle Ambiente zu genießen, das um der lieben Einkaufsfreude willen aufwendig von den Designern des Einkaufszentrum entworfen wurde, rennen die Menschen herum wie betäubt und nehmen all die schönen Springbrunnen, Bäumchen, Skulpturen und Pflanzen überhaupt nicht wahr. Anstatt sich wie Kinder auf dem Spielplatz zu fühlen, sehen die Menschen eher müde, ausgezehrt und unglücklich aus.

Freiwillig schlicht

Ich habe einen recht wohlhabenden Freund, ein sehr spiritueller Mensch. Manche halten ihn für exzentrisch, weil er in einem Mietzimmer lebt. Er fährt einen alten Dodge. Seinem Äußeren nach würde ihn wohl kaum ein Fremder für einen Multimillionär halten. Das ist freiwillig schlicht! Was macht er aber nun mit all der Zeit und all dem Geld? Wenn er aus seiner Kanzlei nach Hause kommt, liest und meditiert er. Er investiert sein Geld und verwendet es für einen Fond, den er für Bedürftige eingerichtet hat.

Ein weiterer Freund von mir ist schon fast ein Billionär. Er wiederum lebt in vollem Luxus. Aber auch er ist ein spiritueller Mensch... Und auch er lebt weit unter seinen Möglichkeiten. Auf den ersten Blick würde man ihn niemals für einen einfachen, spirituellen Menschen halten. Aber in Wahrheit ist er all den materiellen Dingen um ihn herum nicht verfallen. Er ist ein demütiger Buddhist. Er spendet riesige Geldmengen zu guten Zwecken und arbeitet unermüdlich, um anderen Menschen Unterstützung und Hilfe geben zu können. Seine Lieblingsbeschäftigung ist es, Kindern zu helfen. Er hat einige Berufsschulen in armen Ländern eingerichtet und ermöglicht so unterprivilegierten Kindern eine Ausbildung, die sie einmal eine Arbeit finden lassen wird. In einer dieser Schulen lernen die Kinder das Kochen, danach unterstützt man sie dabei, eine Anstellung in einem guten Hotel zu finden.

Bevor ich begann, ein einfaches Leben zu führen, war ich ein klassischer Pessimist. Ich zerbrach mir den Kopf über Geld und Rechnungen. Ich machte mir Gedanken über meinen Status – oder über das Fehlen desselben. Ich sorgte mich um trivialen Schnickschnack. Worüber zerbrichst Du Dir Deinen Kopf? Würdest Du Dir vielleicht weniger Sorgen machen, wenn Du Dein Leben freiwillig vereinfachst und unter Deinen Möglichkeiten lebst?

Übung

Wenn Dir der Gedanke gefällt, ein schlichtes Leben zu führen, überlege Dir eine Strategie, mit der Du genau das erreichen wirst. Ziehe die Bilanz Deines Lebensstils und überlege, wo Du Abstriche machen kannst. Manchmal sind dazu viele kleine Veränderungen in Deinem Leben notwendig. Vielleicht gehst Du jeden Monat einmal weniger ins Kino, isst einmal mehr zu Hause statt auswärts, kaufst Kleidung, die eben nicht von einem teuren Designer stammt. Es kann Dich aber auch extreme Veränderungen kosten, wie zum Beispiel Dein Haus zu verkaufen und in ein kleineres zu ziehen; ein Haus, das Dir immer noch Komfort ermöglicht, aber trotzdem erlaubt, dass Du unter Deinen Möglichkeiten bleibst. Wenn Du Dir Ziele setzt, die eine Veränderung Deines Lebensstils hervorrufen sollen, setze Dir gleichzeitig Ziele in Deinem persönlichen Wachstum und in Deinem Dienen – Du wirst nämlich plötzlich viel mehr Zeit dafür haben.

Sieh Dich als göttliches Wesen

Entdecke Gott in Dir

Namaste
(Der Gott in mir grüßt den Gott in Dir)

- Hinduistischer Gruß -

Wenn Du damit vertraut bist, das Leben ohne die Einschränkungen des RAS wahrnehmen zu können und nicht mehr ständig von Deinem Ego abgelenkt wirst, wird sich Dir die wahre Natur der Dinge erschließen. Deine Klarheit wird Dir eine direkte Gotteserfahrung einbringen. Du wirst begreifen, dass dieser Gott, nach dem Du immer gesucht hast, nichts anderes ist als die Bewusstheit, die durch Deine Augen den Sonnenuntergang erlebt und die Vögel durch Deine Ohren singen hört. Diese bewusste Aufmerksamkeit ist das Göttliche in Dir. Mit Hilfe von Meditation kannst Du ein solches Erlebnis haben.

In meinen fortgeschritteneren Führungsseminaren gibt es eine Veranstaltung, in denen die Menschen dabei unterstützt werden, einen Einblick in ihre eigene Göttlichkeit zu erlangen, und zwar durch den Altar-Prozess. Die Teilnehmer tauchen ein in die Illusion der Abtrennung, die falsche Annahme, irgendwann einmal von dem getrennt worden zu sein, was sie erschaffen hat.

Der Altar-Prozess

Der Altar-Prozess funktioniert wie folgt: Die Gruppe verlässt jeder für sich den Raum und geht hinaus in die Natur. Sie alle sollen Beeren sammeln, Zweige, Blumen, Kristalle oder sonst irgendetwas, was sie zum Aufbau eines großen Altars beitragen wollen. Zu all den Dingen, die sie von draußen mitbringen, füge ich noch diverse Früchte hinzu, Statuen, Weihrauch und Heiligenbilder.

Meine Assistenten tragen zusammen, was die Leute gesammelt haben und schmücken den Altar, während die Teilnehmer noch draußen warten. Ich bin wirklich immer wieder überrascht, welch eine unglaubliche Schönheit man schaffen kann mittels einer solchen spontanen Übung. Was die Gruppe nicht sehen kann, wenn sie nach der Pause wieder zurückkehrt, ist der große Spiegel, der hinter dem Altar außer Sichtweite aufgebaut ist.

Entspannende Musik wird gespielt, Gesänge werden angestimmt und einer nach dem anderen wird die Gruppe schweigend zum Altar geführt und mitten hinein gesetzt auf einen Stuhl. Die Gruppe wird gebeten, all ihre Liebe, Verehrung und Leidenschaft für Gott auf die eine Person zu richten, die auf dem Altar sitzt. Sie sollen das anbeten, was *in* dieser Person verborgen liegt, die auf dem Altar thront.

Die Person auf dem Altar sieht nun den Spiegel zum ersten Mal. Und was sie da sieht, ist ihr eigenes Spiegelbild, umgeben von Blumen, Weihrauch und reichen Früchten. Sie sieht sich, wie sie verehrt wird von einem ganzen Raum voller offenherziger, liebender Menschen. Schließlich wird sie etwas in sich entdecken – die Göttlichkeit im Herzen, in der Gott selbst inkarniert ist. In diesem Prozess erinnert sich der Mensch daran, dass er oder sie sich entschieden hat, ihr Göttlichsein zu vergessen, um als individueller Mensch zu leben. Durch die Erinnerung daran entsteht ein Gefühl der Wiedervereinigung, des Heimkehrens.

Erkenne Dein wahres Selbst

In diesem Augenblick auf dem Altar erkennt die Person ihre Selbsttäuschung, sie sei von ihrem Schöpfer getrennt worden, sie erfährt die Einheit von Traum und Träumer. Sie begreift, dass es keine Trennung gibt zwischen Schöpfer und Schöpfung. Du kannst wählen, ob Du der Träumer *selbst* oder *in* dem Traum sein willst, ebenso wie Gott wählen kann, ob er göttlich sein möchte oder inkarniert – als Mensch. Wenn Du als Träumer die Welt durch die Augen Deiner Traumfiguren siehst, hast Du die Möglichkeit, durch jeden von ihnen etwas zu erleben. Auf genau dieselbe Weise erlebt Gott die Welt durch Dich.

Wenn sie auf diesem Altar oben sitzen, können sich die Menschen zum allerersten Mal dieser neuen Realität ergeben, in der sie sich selbst als Göttlichkeit in menschlicher Form wahrnehmen. Wenn das den Menschen aufgeht, dann sind ihre Augen voller Erstaunen, Freude und Tränen. Oftmals müssen sie dann lachen. Es ist ein sowohl emotional überwältigender als auch erleuchtender Moment. Und dennoch ist das, was die Leute dabei empfinden doch eher ein „Aha!“ als ein „Wow!!!“

Wenn Du die wahre Natur Gottes erkennst und die Kraft spürst, die mit dieser Einsicht einhergeht, dann wirst Du Gott auch in allen anderen Menschen sehen. Es gibt niemanden, der nicht Gott ist.

Wenn Du Deine Göttlichkeit entdeckst und Dich an ihr erfreust, dann wirst Du auch viel besser in der Lage sein, die Menschen zu verstehen, sie zu lieben und ihnen auch zu dienen. Wenn Du Dich abgetrennt und unsicher fühlst, wahrst Du immer einen Abstand. Aber wenn Du erst einmal weißt, dass Gott *in* Dir steckt, dann ist alles möglich.

Übung

Für diese Übung brauchst Du einen Partner. Wähle jemanden aus, bei dem Du Dich wohl fühlst. Setzt Euch in einen abgedunkelten Raum an einen kleinen Tisch, nur mit einer Kerze zwischen Euch. Die Dunkelheit und das Flackern der Kerze wird eine dämmerige Stimmung erzeugen, eine sichere Intimität.

Schaut Euch nun gegenseitig in das linke Auge. Entschärfe Deinen Blick, so dass das Gesicht Deines Partners ab und zu verschwimmt. Beobachte, wie Deine Augen bald von alleine ihren Fokus verändern. Das Gesicht Deines Gegenübers scheint sich zu verändern im Schein der Kerze, und Deine Augen verlieren ihren Fokus, um ihn bald wieder aufzunehmen.

Lass das Gesicht Deines Partners sich verändern. Versuche dabei nicht, Deinen Blick zu schärfen. Du wirst bemerken, dass Dein Gegenüber manchmal wie jemand ganz anderes aussieht. Dann wieder scheint er unglaublich alt zu sein oder aber unwahrscheinlich jung. Manchmal scheint er Dir wunderschön, dann wieder hässlich. Diese Verwandlungen vor Deinen Augen bringen Dich vielleicht zum Lachen. Bleibe trotzdem mit Deinem Blick auf dem linken Auge Deines Gegenübers.

An einem bestimmten Punkt wirst Du dann hoffentlich eine Art Verbindung zum Geist Deines Partners spüren, der Dir aus dessen linkem Auge entgegen blickt. Du wirst merken, dass Du, obwohl sich die äußere Erscheinung verändert, mit etwas Unveränderlichem verbunden bist. Und da Dein Gegenüber ja dieselbe Übung macht, ist er nun mit etwas Unveränderlichem in Dir verbunden.

Dieser unveränderliche Funke ist der Geist, der in jedem lebenden Menschen wohnt. Das ist Gott in Deinem Inneren.

Aus spiritueller Sicht...

...ist das Universum perfekt

Eine Glocke ist´s nicht, bevor es klingt,
Ein Lied ist´s nicht, eh´s jemand singt.
Auch soll´s nicht sein, dass nur Dich selbst Du liebst,
Liebe wird erst Liebe, wenn andren Du sie gibst.

- Anonymus -

Alles ist perfekt

Wenn ich Gruppen spirituell betreue, dann habe ich eine ganz einfache Zielsetzung: alles, was die Menschen tun müssen, ist, ihre Muster aufzugeben. Anstatt in einem Muster zu leben, in dem Bewertungen, Unsicherheit und ein Haufen anderer negativer Gefühle herrschen, kannst Du Dich auch entschließen, nach neuen Mustern zu leben, in denen eine spirituelle Sicht die unumstrittene Lösung für all Deine Probleme ist. Auf diese Weise kannst Du die Dinge aus der Sicht Gottes betrachten, und ab einem bestimmten Punkt, muss man schließlich erkennen, dass alles perfekt ist.

In einigen Situationen ist es recht schwierig, die Perfektion zu entdecken. So wirst Du wohl im ersten Moment kaum etwas Perfektes an einer Atombombe finden können. Aber genau dieser Horror, den die Atombombe in den Menschen auslöst, hat sie auch dazu angeregt, sich der Friedensbewegung anzuschließen. Damit hat diese Bombe ein Bewusstseinswachstum bei einer großen Masse an Menschen initiiert.

Selbst einen Krieg muss man ab einem bestimmten Punkt als perfekt empfinden. All die Gepeinigten wie auch ihre Peiniger muss man auf eine Weise betrachten, die weiter reicht, als ein einziges Lebensalter. Wenn wir, wie viele andere Kulturen, die an Reinkarnation glauben, davon ausgehen, dass die Seele Leben um Leben hier auf der Erde verbringt, dann können wir sicher sein, dass wir alle im Laufe der Zeit genau die Erfahrungen sammeln werden, die wir brauchen. Denn das Universum *ist* perfekt.

In der Dynamik einer Gruppe können die Menschen ihre Situationen miteinander teilen, und jeder hilft dem anderen dabei, eine spirituelle Sichtweise zu finden und zu leben. Wie alles, was es zu erreichen lohnt, sind auch hier Engagement, Zeit und viel Übung unerlässlich. Aber eine extreme Spiritualität ist diesen Aufwand wert.

Eine angemessene Reaktion

Eine spirituelle Sichtweise beinhaltet auch das Wissen darum, dass alles Gott ist, ohne Ausnahme. In dem Wissen, dass alles perfekt ist, wirst Du auch erkennen, dass Du selbst und all Deine Lebensumstände perfekt sind. Wenn Du in eine spirituelle Sichtweise eintauchst, dann wirst Du nach Veränderungen streben, während Du immer weiter im Wachsen inbegriffen bist. Du lehnst das Schlechte ab, denn Du strebst ja nach Perfektion. Doch im selben Moment, wo Du einen Hitler, einen Milosevic, einen Stalin ablehnst, empfindest Du auch Mitgefühl für sie und verstehst die Gründe, weshalb sie sind, wer sie sind. Das Universum gibt in seiner Perfektion Raum für das schwärzeste Schwarz, das weißeste Weiß und für alles, was dazwischen liegen mag. In einem jedem Leben wählst Du, welchen Weg Du diesmal gehen wirst.

Viele Mystiker sprechen davon, dass man *in* dieser Welt ist, und nicht *von* dieser Welt. Du erlebst das Leben als metaphysisches Spiel. Du bist vollkommen darin verstrickt und stehst dennoch völlig außerhalb – wo Du eigentlich bist, ist dieser Ort hinter dem RAS, an dem Du nur Zeuge all dessen wirst.

Das, was Du tust, muss nicht unbedingt anders aussehen, nachdem Du Deine alten Muster über Bord geworfen hast. Was sich wirklich verändert, ist, wo Du herkommst, während Du es tust.

Die Lehren der Samurai

Die Samurai haben nicht getötet und abgeschlachtet, weil sie blutrünstig waren. Im Gegenteil, sie töteten als spirituelle Übung, in der sie ihren Herren ohne Fragen dienten. Wie Du bemerkt hast, ist auch die extreme Spiritualität manchmal eine recht schmutzige Sache. Die kühnen Samurai waren Killermaschinen bei Tage; in der Nacht aber schrieben sie Gedichte und weinten, wenn ihre Kameraden ihre Dichtungen am Lagerfeuer vortrugen.

Die Samurai waren ausgebildet darin, sich stets ehrenvoll zu verhalten. Wenn ein Samurai in Ehre lebte und starb, konnte er sicher sein, als Samurai wiedergeboren zu werden. Auf diese Weise stellte der Tod keinen Verlust dar. Wenn ein Samurai aber nicht in Ehre lebte und starb, hatte er die furchtbarsten Folgen zu erwarten: er würde als irgendetwas anderes wieder geboren, aber nicht als Samurai.

Einmal hat ein Samurai sehen müssen, wie sein Herr getötet wurde. Und weil der Kodex eines Samurai beinhaltet, dass er den Tod seines Herrn zu rächen hatte, verfolgte er den Angreifer nun monatelang. Schließlich trieb er den Mörder in einer Sackgasse in die Enge. Als er sein Schwert zog, um den Mann zu enthaupten, spuckte dieser ihm ins Gesicht.

Darauf steckte der Samurai sein Schwert ruhig und langsam zurück in die Scheide und ging davon.

Der verwirrte Mann rief ihm nach: „Warum hast Du mich nicht getötet?“

Da antwortete der Samurai: „Weil Du mich verärgert hast.“

Ein Samurai wurde gelehrt, niemals aus Ärger zu töten, sondern aus einem Pflichtgefühl heraus. Das war eine Frage der Ehre. Aus Ärger zu töten, würde bedeuten, unehrenhaft zu handeln, und dann wäre es Dein Schicksal, Deine Samurai-Seele zu verlieren, wenn Du stirbst. Das galt nicht nur als persönliche Schande, sondern man beschmutzte damit auch seinen Lehrmeister und seinen Herrn.

Ein Samurai wusste, dass eine Handlung aus sich selbst heraus nichts Ehrenhaftes war. Das Bewusstsein eines Samurai bestimmte, ob etwas ehrenhaft war.

Die Lehren der Samurai besagen also, dass nicht das, *was* wir tun, das Bedeutende ist. Wichtiger ist, worauf sich unser Bewusstsein richtet, *während* wir es tun. Du kannst zum Beispiel Deinen Gartenschlauch reparieren und dabei unablässlich Flüche vor Dich hin murmeln und frustriert herum brüllen, oder aber Du reparierst Deinen Gartenschlauch und summst ein fröhliches Lied dabei.

Erst Distanzieren, dann Reagieren

Wenn Du Dich von allem, was Du tust, distanzieren kannst, dann wird das Leben zu einem Film.

Du bist dann nicht länger eine Figur in diesem Film, sondern kannst auch entscheiden, ob Du aus dem Film heraustreten und Dich ins Publikum setzen willst. Der Schlüssel ist das Wörtchen „entscheiden". Die meisten Menschen können nicht selbst entscheiden, wie sie in bestimmten Situationen reagieren und sich verhalten wollen. Die meisten Menschen sind in diesem Film gefangen und bewegen sich fast wie Roboter. Wenn Du auf irgendeinen ihrer Knöpfe drücken könntest, wüsstest Du vorher schon genau, wie sie reagieren würden: absolut vorhersehbar. Sie haben keine Wahl. Sie können nicht „zurücktreten" und alles aus der Distanz betrachten.

Wenn Du Dir eine spirituelle Sichtweise aneignest, dann bist Du die lebendige extreme Spiritualität. Du befreist Dich von automatischen und vorhersehbaren Reaktionen. Du bist frei. Und diese Freiheit ist etwas Ewiges; es ist der Frieden, der über jedes Verstehen noch hinausgeht. Du re-agierst nicht mehr und kannst ganz bewusst Deine eigene Wirklichkeit erschaffen.

Die bestmögliche Lösung

Bevor Du nicht nach einem Muster lebst, in welchem die spirituelle Sichtweise die einzige Lösung für alle Probleme ist, wirst Du immer weiter nach Lösungen streben, die in sich selbst die Saat für noch mehr Probleme bergen. Sobald Du aber begriffen hast, dass eine spirituelle Sichtweise Dir immer die bestmögliche Lösung bieten kann, dann wirst Du auch Dein Herz offen halten können für Menschen und Situationen, die Dich sonst immer verschlossen haben. Dein RAS wird seinen festen Griff auf Dich lockern, und Du kannst Dich viel wohler und friedlicher fühlen, ganz egal, wo Du auch bist, wer bei Dir ist oder was auch geschieht.

Um Gottes Willen: Sei glücklich!

In Dir wohnt das gottgegebene Geschenk, wahre Freude und Glückseligkeit zu empfinden. Aber lebst Du auch in diesem Zustand?

Es gibt keine großartigere Erfahrung, als die Freude, die Dir Dein innerer Frieden, Liebe und spirituelle Klarheit geben können. Anstatt Dein Glück mit Nachsicht zu betrachten, solltest Du Dir bewusst machen, dass Du der Welt kein größeres Geschenk zu geben hast, als die Momente, in denen Du glückselig bist. Dieses Geschenk gibst Du auch an Deinen Schöpfer zurück. Wenn Du glücklich bist, dann ist auch Gott glücklich. Wenn Gott durch Deine Augen den Sonnenuntergang genießt, erfährt er Glück und Freude darüber, dass er Dich geschaffen hat und durch Dich dieses Erlebnis haben kann.

Es ist höchste Zeit!

Ziel dieses Buches ist es, Dich dazu zu ermutigen, Dir ganz bewusst die Wirklichkeit zu erschaffen, die Du haben willst. Vielleicht wirst Du auf Deiner spirituellen Reise einige der Ideen umsetzen, die ich hier angesprochen habe. Vielleicht gehst Du aber auch lieber einen traditionelleren Weg. Eventuell legst Du eine ganz eigene Spur?

Der Weg, den Du wählst, um bewusster zu leben, ist nicht so wichtig, wie Deine Bemühungen, Dir eine Wirklichkeit voller Freude zu erschaffen. Egal, wie Du es auch anstellst, es sollte das Ziel eines jeden Menschen sein, die Liebe, die Freude und das Glück zu mehren. Und zwar nicht nur für sich selbst, sondern ebenso für alle anderen.

Du erschaffst Deine eigene Wirklichkeit! Begreifst Du das? Du schaffst Deine Wirklichkeit mit Deinem Glauben. Was immer Du glaubst im Leben, wird schließlich auch zu Deiner Erfahrung des Lebens. Wenn Du an Wunder glaubst, dann wirst Du auch Wunder erleben. Wenn Du nicht an sie glaubst, wirst Du nie eines erleben. Achte auf das, was Du glaubst.

Du erschaffst Deine Wirklichkeit.

Sei glücklich!

Übung

Wenn Du Dich das nächste Mal dabei ertappst, wie Du Dich von etwas stören lässt, dann erweitere auf der Stelle Deine Perspektive, bis Du schließlich erkennen kannst, dass es genau so perfekt ist, wie es ist, und Du die Chance zum Wachsen nutzen kannst.

Viele Eltern versuchen zum Beispiel jegliches Unbehagen von ihren Kindern fernzuhalten. Aber wenn wir versuchen, unseren Kindern das Leben so leicht wie möglich zu machen, nehmen wir ihnen auch die Möglichkeit, aus Problemen und Fehlern zu lernen. Aus der einen Sicht mag es vielleicht scheinen, dass unsere Kinder Fehler machen. Aus einer spirituellen Sicht heraus kannst Du jedoch erkennen, dass diese Fehler eigentlich nur Möglichkeiten für sie sind zu lernen und zu wachsen. Übe Dich darin, Dich nicht sofort in das Dilemma Deiner Kinder einzumischen, auch wenn es Dein erster Impuls ist, einzugreifen und das Kind vor Fehlern zu bewahren. Erkenne die Perfektion einer solchen Situation, indem Du sie aus spiritueller Sicht betrachtest.

Manchmal musst Du Dich von einem Erlebnis sooooooo weit entfernen, um es aus einer objektiven Perspektive wahrnehmen zu können, dass es Dir vorkommt, als müsstest Du vom Weltall aus darauf herab blicken.

Wenn Du Dich weit genug entfernst, wirst Du erkennen, dass das Universum perfekt ist.

Anhang

Tollys Theorie des Feuerlaufs

(www.firewalking.de)

Mehr als 2 Millionen abendländischer Menschen sind über das Feuer gelaufen

Das Geheimnis des Feuerlaufs zu entdecken, kann Dein Leben verändern! Selbst, wenn Du es niemals selbst ausprobierst, kann Dir schon allein das Wissen, wie es funktioniert, eine stabilere Gesundheit und größere persönliche Macht bescheren. Warum? Weil der Feuerlauf demonstriert, wie Deine Gedanken alles andere in Deinem Leben beeinflussen. Gedanken verändern die Chemie im Gehirn, was wiederum eine Veränderung der Chemie im Körper nach sich zieht. Feuerläufern wird nahe gelegt, sehr genau auf ihre Gedanken zu achten, denn mittels eben dieser Gedanken erschaffen wir unsere persönlichen Wirklichkeiten. Positivdenker leben buchstäblich in einer anderen chemischen Umgebung als Negativdenker. Sie belasten ihr Immunsystem weitaus weniger, und die Folgen davon liegen wohl auf der Hand.

Ich erforsche den Feuerlauf nun schon seit 1977, und man hält mich für die führende Autorität auf diesem Gebiet. Aufgrund dieser Arbeit befindet sich nun in den USA die größte Feuerlauf-Kultur der Geschichte. Der Feuerlauf wurde zwar schon praktiziert, ehe die Geschichtsschreibung begann, doch nie zuvor haben so viele einfache Leute an diesem alten Ritual teilgenommen, das ursprünglich nur wenigen Auserwählten vorbehalten war. Meine Gedanken zum Feuerlauf sind das Resultat aus über 24 Jahren Erfahrung mit dem Leiten und Lernen aus den Feuerläufen. Meine Theorie darüber, weshalb sich niemand die Füße verbrennt, wenn er über glühendheiße Kohlen läuft, unterscheidet sich vollständig von allen anderen. In den anderen Theorien habe ich außerdem hier und da einige Fehler entdeckt.

Die Wasserdampf-Theorie

Eine Theorie, die erklären soll, wie man über glühende Kohlen laufen kann, ist der Leidenfrost-Effekt. Physiker haben in Erwägung gezogen, dass die Feuchtigkeit an der Fußsohle für eine Dampfbarriere sorgt, durch die der Fuß mit den Kohlen gar nicht erst in Berührung kommt. Dieser Theorie zufolge müsste also der Feuerlauf ungefähr so sein, als würde man seinen Finger ablecken und dann ein heißes Eisen berühren. Wenn das Eisen heiß genug ist, erzeugt es einen Dampf aus der Flüssigkeit an der Fingerspitze. Dadurch bleibt der Finger selbst durch die Dampfbarriere von dem Eisen fern.

Den Leidenfrost-Effekt kann man auch beobachten, wenn man ein paar Tropfen Wasser in eine heiße Pfanne gibt. Ist die Pfanne heiß genug, dann perlt der Tropfen ab und hüpft in der Pfanne herum. Das geschieht, weil die Hitze der Pfanne so intensiv ist, dass der Boden des Wassertropfens verdampft, noch ehe der Tropfen die Oberfläche berühren kann. Der aufsteigende Wasserdampf drückt gegen die Unterseite des Tropfens, wodurch er sich hebt, damit der Dampf entweichen kann. Der Tropfen an sich kommt so niemals mit dem Metall der Pfanne in Berührung.

Der Physiker Jearl Walker war so sehr von der Gültigkeit dieser Theorie überzeugt, dass er der Meinung war, man könne sich beim Feuerlauf unmöglich verbrennen. Nachdem er sich jedoch einige Male selbst verletzt hatte, als er über die Kohlen lief, verlor er den Glauben an die Theorie!

Leitfähigkeit

Die Theorie der Leitfähigkeit besagt, dass man sich beim Feuerlauf aufgrund der geringen Leitfähigkeit von Kohlen nicht die Füße verbrennen könne, ganz gleich, wie hoch die Temperatur auch sei. Als Vergleich zieht man heran, dass es möglich ist, in einen Ofen zu greifen, um eine metallene Kuchenform herauszuholen. Die Temperatur der Luft innerhalb des Ofens ist dieselbe, wie die der Kuchenform. Und doch kann man mit bloßer Hand hinein greifen, ohne sich zu verletzen, da Luft ein schlechter Wärmeleiter ist. Wenn man jedoch die Form selbst anfassen würde, würde man sich wohl verletzen, denn Metall ist ein sehr guter Wärmeleiter.

1994 besuchte der Physiker Bernard Leikind das Firewalking Institute of Research and Education, um dieses Konzept vorzustellen. Er schnürte sich zwei Rindersteaks unter die Füße und lief damit über ein Kohlebett. Die Steaks überstanden die Glut unbeschadet und waren nicht verbrannt. Dann stellte er einen Metallgrill auf die Kohlen und tat dieselben Steaks darauf, als er glühte. Das Metall als vorzüglicher Wärmeleiter verbrannte die Steaks auf der Stelle. Er war der Ansicht, dass diese Demonstration überzeugend bewiese, dass die geringe Leitfähigkeit von Kohle gleichzeitig bedeute, der Feuerlauf habe mit dem geistigen Zustand eines Menschen nichts zu tun. Er folgerte aus seiner Demonstration, dass es kein Mensch fertig bringen könne, über den glühenden Metallgrill zu laufen.

Meine Angestellten konnten dieser Herausforderung nicht widerstehen. Auf der Stelle liefen einige von ihnen über den Grill, ohne die geringste Verletzung. Der Grill war so glühend heiß, dass ihr Gewicht das erweichte Metall verbog und sich Abdrücke ihrer Füße darauf fanden. Den Grill mit den Fußabdrücken haben wir als Erinnerungsstück behalten. Er half dabei, die Leitfähigkeits-Theorie zu widerlegen.

Die Regeln der Leitfähigkeit mögen vielleicht auf unbewegliche Objekte zutreffen. Aber Menschen sind schließlich bewegliche, selbstregulierende Organismen. Eine Erforschung des Feuerlaufs befindet sich wirklich außerhalb des Schaffensbereiches von Physikern.

Ich war immer der Überzeugung, dass der ausschlaggebende Faktor für einen erfolgreichen Feuerlauf der geistige Zustand eines Menschen ist. Den mentalen Faktor gilt es zu erforschen. Und auch wenn ein skeptischer Physiker ohne Verletzung über heiße Kohlen läuft, dann hilft auch das, meinen Gedanken zu beweisen, dass der Bewusstseinszustand von großer Bedeutung ist. Sein Glaube an die eigene Theorie gibt ihm in dem Moment das Vertrauen, das nötig ist, um unbeschadet über die Kohlen zu gelangen. Dieses Vertrauen selbst ist ein Bewusstseinszustand. Ich schlug Dr. Leikind vor, er solle sich von uns die Augen verbinden lassen und sich in verschiedene Richtungen in der Nähe des Kohlebettes führen zu lassen, so dass er sich überhaupt nicht mental darauf vorbereiten könne, wenn er tatsächlich in die Glut tritt. Er lehnte ab. Auch lehnte er es ab, über den Metallgrill zu laufen. Also nehme ich stark an, dass auch er irgendwann erkannt haben muss, dass an diesem Phänomen mehr dran war, als die Leitfähigkeit von Kohlen und einfache Physik.

Tatsächlich hat Dr. Leikind seine eigene Theorie verworfen, als er 2000 sagte: „Jegliche Behauptung, die Temperatur der Kohlen sei nicht von Bedeutung... ist schlichtweg absurd.“ Er fügte weiterhin hinzu: „Meiner Ansicht nach ist der Feuerlauf eine abnormal gefährliche und „ultrariskante“ Sache.“

Gefährlich? Manchmal schon. Und dennoch hat es jemand in Amerika geschafft, ohne Verletzung über Kohlen von über 1200°C Hitze zu laufen! Offenbar begreifen die Physiker diesen Vorgang noch immer nicht so ganz.

Beim typischen Feuerlauf, wie er der Öffentlichkeit zur Verfügung steht, werden Kohlebetten von 650 - 800°C verwendet. Dr. Ron Sato, Fakultätsmitglied der Medizinischen Abteilung der Stanford University und Chefarzt der Verbrennungsstation eines nahe gelegenen Krankenhauses, legte uns dar, dass menschliches Fleisch, wenn man es nur einen Moment Temperaturen von 650°C aussetzt, Verbrennungen dritten Grades an Dermis und Epidermis erleidet, was von der Haut nichts mehr übrig lässt als ein Stück Kohlepapier. Dr. Sato hat Leute behandelt, die aus Versehen auf heiße Kohlen getreten waren und sich dabei so schwer verletzten, dass eine Hauttransplantation erforderlich war. Als wir ihn fragten, wie er sich erkläre, dass Menschen freiwillig übers Feuer laufen, sagte Dr. Sato: „Dafür gibt es keine logische Erklärung.“

Wasser kochen im Pappbecher

Zwei wissenschaftliche Experimente haben mir geholfen, meine gegenwärtige Theorie zu entwickeln. Das eine ist eine ganz einfache Demonstration, wie sie Lehrer in der Schule vorführen. Dabei wird ein Pappbecher mit Wasser gefüllt und dann über eine Flamme gehalten. Das Wasser beginnt schnell zu kochen, aber der Becher kann nicht verbrennen, denn das Wasser kann nur eine Temperatur von 100°C erreichen, ehe es verdampft. Weil das Wasser jedoch konstant mit dem Pappbecher in Berührung ist, kann auch er keine höhere Temperatur als 100°C erreichen. Entflammbar ist der Becher jedoch nur bei höheren Temperaturen, und so kann er nicht verbrennen, solange er Wasser enthält.

Das andere Experiment wurde von der Regierung der USA durchgeführt während der Anfangstage der Erforschung des Weltraumfluges.

Wenn eine Raumkapsel wieder in die Atmosphäre eintritt, dann wird sie durch Reibung auf extreme Temperaturen erhitzt. Es musste also herausgefunden werden, ob die Person am Kontrolltisch weiter arbeiten könnte, wenn das Innere der Kapsel sehr heiß wäre. Um diese Situation zu simulieren, entwarfen die Wissenschaftler eine Hitzekammer. Freiwillige begaben sich in diese Kammer, und dann wurde die Temperatur darin erhöht. Man beobachtete, dass zwar ein Ei gekocht werden konnte in dieser Atmosphäre, der Mensch aber unverletzt blieb. Tatsächlich war die gemäßigte Lufttemperatur in der Nase der Versuchsperson kühler, als die Luft in der Kammer selbst.

Der Geist in der Materie

Diese beiden Experimente bilden die Grundlage für meine eigene Theorie. Menschliche Füße haben sich nicht an Dr. Leikinds glühendem Metallgrill verbrannt, weil diese Füße mit einem lebendigen, bewussten Wesen verbunden waren. Der menschliche Körper hat verschiedene Mechanismen, um sich selbst zu kühlen: Atmung, Transpiration und Zirkulation. Sie alle spielen eine Rolle während dieses Vorgangs, und sie alle sind mit dem Gehirn verbunden, das wiederum vom Geist beeinflusst wird.

Offensichtlich kann man physische Erlebnisse haben, wenn nichts Physisches Dich beeinflusst. Bist Du nicht schon mal nass geschwitzt und mit rasendem Herzen aus einem Alptraum erwacht? Das ist ein Beispiel für den Geist, nicht über, sondern *in* der Materie.

Wenn ein Feuerläufer sich im richtigen Bewusstseinszustand befindet, dann verhält sich der Blutfluss in seinem Körper wie das Wasser im Pappbecher. Das Blut hat eine Temperatur von 36,5°C. Wenn es durch die Fußsohlen fließt, kühlt es kontinuierlich deren Oberfläche und bewahrt sie so davor, den Punkt der Entflammbarkeit zu erreichen, genau wie das Wasser im Becher dessen Temperatur bei 100°C hielt.

Natürlich gibt es auch hier Grenzen, und es ist nicht die Absicht des Feuerlauf Instituts, diese zu überwinden. Vielmehr suchen wir nach einer Erklärung für das Phänomen des Feuerlaufs, wie es schon seit Tausenden von Jahren praktiziert wird und haben eine neue Bedeutung gefunden, die das Leben von uns heute lebenden Menschen bereichern kann.

Wenn es möglich ist, dass Menschen über Kohlen von über 1200°C laufen können, ohne sich dabei zu verletzen, dann nur deshalb, weil sich ihr Körper offenbar bis zu einem bestimmten Punkt selbst kühlen und schützen kann. Wir sind eine erstaunlich widerstandsfähige Apparatur, vor allem, wenn man bedenkt, dass eine Autobatterie hergestellt wird, indem man bei 650°C geschmolzenes Metall in Formen gießt!

Meine Theorie erklärt auch, weshalb es Leute gibt, die sich beim Feuerlauf verbrannt haben. 1977 machte ich mich auf, den Feuerlauf zu entmystifizieren und gab das weltweit erste Feuerlauf-Seminar. Seither habe ich hunderte von Lehrern ausgebildet. Im Jahr 2001 hatten schließlich über 2 Millionen Menschen an einem Feuerlauf-Seminar teilgenommen. Und wie viele von ihnen haben sich ernsthaft verbrannt? Ungefähr 50. Dass es so wenige Verletzungen gegeben hat, macht doch deutlich, dass nicht das Glutbett, sondern vielmehr der Geist dabei die Variable ist. Wenn sich die Menschen nicht in einem Bewusstseinszustand befinden, der ihren Körpersystemen erlaubt, auf Höchstleistung zu arbeiten, dann ziehen sich die Kappilaren zusammen und das Blut kann nicht frei durch die Oberfläche der Fußsohle fließen. Wenn das passiert, kann das Blut die Hitze nicht mehr von den Fußsohlen wegtragen und auch die Temperatur nicht halten, die erforderlich ist, um Verbrennungen zu vermeiden. Die Folgen können dann Brandblasen oder Verbrennungen sein. Mit Hilfe von Aloe Vera kann man die physische Zirkulation wiederherstellen und Brandblasen vermeiden, wenn man es direkt nach einer Verbrennung aufträgt.

Dr. Andrew Weil, der renommierte Harvard-erprobte Physiker und Forscher der Medizin, hat den Feuerlauf viele Jahre lang untersucht. Er sagt: „Man kann mich nicht überzeugen, dass der Bewusstseinszustand nicht die Schlüsselvariable beim Feuerlauf ist."

Wenn die Sache mit der Leitfähigkeit zur Sprache kommt, denke ich oft daran, wie ich die Kohlen mit einer Schaufel zerdrückt habe, um die Glut zu ebnen. Die Schaufel ist ja nun aus Metall und damit hochgradig leitfähig. Sobald man die heiße Schaufel in einen Eimer Wasser hält, gibt sie ein lautes „hiss" von sich. Die Schaufel ist auch nicht länger in der Glut, als unsere Füße es sind. Also leiten die Kohlen die Temperatur ja wohl doch ziemlich gut. Es kommt mir „dumm" vor, die Leitfähigkeit einer Hitzequelle zu untersuchen, vielmehr geht es doch um die Leitfähigkeit des Stoffes, den man mit der Hitzequelle in Kontakt bringt. Das Metall mit seiner hohen Dichte leitet die Hitze der Quelle extrem gut. Menschenfleisch hingegen ist nicht besonders leitfähig.

Wenn sich Menschen verbrennen, könnte das ein Zeichen dafür sein, dass ihr Bewusstseinszustand sie „dichter" gemacht hat. Ein „flüssiger" Bewusstseinszustand macht den Körper selbst flüssig. Interessanter als die Leitfähigkeit der Kohlen ist doch der Grund dafür, weshalb menschliches Fleisch zu bestimmten Zeiten leitfähiger ist, als zu anderen Zeiten.

Nach meinen ausgiebigen Forschungen rate ich meinen potentiellen Feuerläufern nun immer, nur dann über die Glut zu laufen, wenn ihre Körper wirklich entspannt sind. Der Körper selbst ist nämlich eine wunderbare Spiegelung des Bewusstseinszustandes. Wenn der Körper angespannt ist, dann heißt das auch, dass Gedankengänge ablaufen, die den physischen Mechanismen des Selbstschutz für den Körper dazwischen pfuschen. Der Feuerlauf wird also zu einer Übung, die Körper-Geist-Verbindung genau zu beobachten. Aus diesem Grund ist Feuerlaufen heutzutage so beliebt unter Athleten, Richtern und Leuten der Gesundheitsfürsorge. Wenn Du Deine Körper-Geist-Verbindung erforschen möchtest und nach Möglichkeiten suchst, wie diese Informationen Deine Leistungsfähigkeit verbessern können, dann bist Du beim Feuerlauf genau richtig.

Menschen, die zum ersten Mal durchs Feuer laufen, sind hoch erstaunt darüber, was für unglaubliche Wesen sie selbst sind. Feuerlaufen lässt uns erkennen, dass es nichts „beschämendes“ daran gibt, ein Mensch zu sein. Unser Geist ist die Grenze, und der Feuerlauf ist ein Schritt auf den Pfad der Selbstentdeckung. Der Zusammenhang zwischen Geist und Materie ist wahrhaftig aufregend und bringt neue Hoffnung für die Menschen, die schlimme Krankheiten zu tragen haben, oder aber einfach nur die Grenzen alter Glaubensinhalte überwinden wollen: Verkäufer, Studenten, Sportler... Die Liste ist schier unendlich – vielleicht stehst ja auch Du darauf!

Hinweis des Verlages

Viele der Praktiken in diesem Buch sind mit Risiken verbunden. Dem Leser wird nahegelegt, stets einen erfahrenen Leiter hinzuzuziehen, der durch diese Praktiken führt - und auf seinen gesunden Menschenverstand zu hören. Weder der Autor noch der Verlag können für Verletzungen und Schäden - seien diese nun physischer, mentaler oder finanzieller Art - verantwortlich gemacht werden, welche sich der Leser bei der Durchführung der in diesem Buch beschriebenen Praktiken zuziehen könnte.

Danksagung

Sandra Leicester habe ich zu danken, nicht nur dafür, dass sie mich zu diesem Buch inspiriert hat, sondern auch für ihre Unterstützung. Sie verlieh dem Buch seinen Titel und auch den Untertitel und stand mir vom Cover bis zum Text mit teurem Rat zur Seite. Meinen Eltern Eileen und Ted Burkan möchte ich danken; sie waren die Ersten, die das fertige Manuskript gelesen haben und ich war ihnen für ihre Anregungen sehr dankbar. Obwohl sein Terminkalender keine freie Minute aufwies, schaffte es mein Bruder Barry dennoch, das erste Manuskript zu redigieren. Vielen Dank, Barry.

Ich möchte mich bei Richard Cohn und Cindy Black bedanken, die sich nicht den Massen verschrieben haben, sondern die Welt verändern wollen, indem sie vor allem Bücher wie dieses herausgeben. Laura Carlsmith und Julie Steigerwaldt waren nicht nur wunderbare Herausgeber – sie verliehen dem Buch auch einen Glanz, der viele Menschen begeistern wird. Sie sollen meiner tiefen Dankbarkeit versichert sein.

Andrew Weil möchte ich von ganzem Herzen danken, denn er öffnet weltweit vielen Menschen die Augen und zeigt ihnen, dass sie aktiv ihr Leben gestalten können, so wie sie es haben möchten. Ich möchte ihm vor allem für die Mitwirkung an diesem Buch danken. In seinem Vorwort steckt eine Weisheit, die ein jeder verstehen kann. Danke, Andrew.

Igor Warneck & Björn Ulbrich

Tribal Tattoo

Traditionelle, archaische und moderne Stammestätowierungen

Wem sind sie nicht schon irgendwo begegnet: merkwürdig verschlungene Ornamente auf braungebrannter Haut? Was bedeuten diese tätowierten Zeichen?

Tribals sind ursprünglich Stammeszeichen, die eine traditionelle, religiöse oder soziokulturelle Bedeutung hatten. Auch wenn sich moderne Tribals von den alten Riten und Bedeutungen gelöst und in unserer modernen Gesellschaft weiterentwickelt haben, so geht von ihnen und ihren Trägern doch eine eigenartige Faszination aus.

Die Autoren klären über die geschichtlichen, religiösen und kultischen Hintergründe genauso auf, wie sie der Symbolik der Tribals und dem modernen Leben der *Modern Primitives* im Großstadtdschungel nachspüren.

160 Seiten, über 200 s/w Abb. im Duotendruck, Broschur,
ISBN 3-927940-62-3
€ 25,50 / 43,- SFR

Anke Rammé Firlefanz

Körpermalerei & Ritual

Ein Praxisbuch

„Als ich Anke Firlefanz kennenlernte, faszinierte mich, wie sehr ihre Arbeit, ihre Kunst im Alltag verwurzelt und eingebettet war. Kunst- und Lebensform miteinander zu verweben und das weiterzugeben, ist ihre besondere Qualität.

Gerade in der Verbindung von Körpermalerei und Natur spiegelt sich auf wunderbare Weise unsere Seele in ihrer ganzen Weite.

Und so soll die Bemalung des Körpers - uralter Teil von Ritualen - hier als das verstanden werden, was sie einmal war: magischer Akt!

Wir können Verwandlungsmöglichkeiten erkennen und sie durch Bemalung manifest machen, unseren inneren Bildern Gestalt geben und so eine Möglichkeit auftun, den Zugang zum rituellen Erlebnis wiederzufinden."

(Cambra Skadé)

160 S., 160 farbige u. 100 s/w-Abb., A4, Broschur,
ISBN 3-927940-42-9
€ 25,50 / 43,00 SFR

Steven Foster & Meredith Little

Visionssuche

Das Raunen des heiligen Flusses.
Sinnsuche und Selbstheilung
in der Wildnis

„Gehe in die Wildnis, segne dich selbst und erfahre, was getan werden muss“

Diese Aufforderung steht am Beginn einer Visionssuche. Ziel dieser Reise in die äußere und innere Einsamkeit ist die Auseinandersetzung mit dem ewigen Kreislauf von Leben und Sterben. Sie ermöglicht es, sich immer wieder neu mit dem Leben zu verbinden, den Sinn des eigenen Daseins zu erkennen und seine ganz persönliche Lebensaufgabe zu finden.

Meredith Little, Steven Foster und ihre School of Lost Borders zählen seit über 20 Jahren zu den führenden Lehrern. Sie haben schon tausende Menschen bei Visionssuchen begleitet.

320 Seiten, 20 Abb.,
Broschur, 13,5 x 22,0 cm,
ISBN 3-935581-09-2
€ 20,50 / 34,60 SFR

Annie Pazzogna

Inipi

Das Lied der Erde.
Die indianische Schwitzhütte

Die sieben Riten der Heiligen Pfeife sind das religiöse Fundament der Lakota-Tradition. Wir erfahren die alten Lehren von der weisen Bisonfrau, von den 16 großen Mysterien und den sieben Ratsfeuern. Die heiligen sieben Zeremonien werden ausführlich erklärt. Besonderen Wert legt Annie Pazzogna dabei auf die Schwitzhütte: Wie ist das Ritual entstanden? Wie baut man eine Schwitzhütte? Welche Lieder werden gesungen, welche Kräuter zu welchem Zweck verbrannt, wie ist der zeremonielle Ablauf? Die Schilderungen sind detailliert und fachkundig, aber eignen sich dennoch nicht zum Ausverkauf der indianischen Spiritualität. Denn nur wer informiert ist, kann Achtung und Respekt erweisen - den Menschen und Mutter Erde. Das ist das Ziel dieses Buches!

288 S., 66 s/w Abb., Broschur, A5,
ISBN 3-927940-38-0
€ 20,50 / 34,60 SFR

John Matthews

Celtic Totem

Eine Reise zu den keltischen Totemtieren

Für Menschen, die sich auf die Suche nach ihrem Krafttier begeben möchten, ist Celtic Totem das ideale Paket. Mit diesem Set, bestehend aus einem Buch, einer CD (Schamanisches Trommeln) und einem Kartenset von 20 Tierkarten, ist der Leser bestens gerüstet für seine eigene schamanische Reise und die Arbeit mit dem Krafttier.

Tiere als Wegbegleiter, Ratgeber und Verbündete gehörten unter unseren Ahnen zum ganz normalen Alltag. Aus dem Alltag entstanden schließlich Märchen und Geschichten, welche die Magie der Tiere weiterleben ließen bis zum heutigen Tag. In Celtic Totem werden diese Geschichten wieder lebendig und lassen uns tiefer blicken in das weite Reich der Totemtiere, in das wir nun wieder eintauchen wollen.

144 S., mit CD und Orakelokarten,
17 x 24cm, Broschur
ISBN 3-935581-27-0
€ 20,50 / 34,60 SFR

John Matthews

Schamanisches Trommeln

Mit dem monotonen Rhythmus, auf einer Rahmentrommel gespielt, öffnen sich die Tore in die Anderswelt, das eigene Unbewusste. Wer sich darauf einlässt, hat die Möglichkeit, sich beim Klang der Trommeln in eine leichte Trance singen zu lassen. Wohin die Reise führt und welche Abenteuer einen erwarten, bleibt dem Reisenden selbst überlassen.

Wer es wagt, der mag seinem Krafttier begegnen oder mit anderen Wesenheiten kommunizieren.

Die Tracks dieser CD wurden von John und Caítlin Matthews auf einer Double-Headed Sea Drum sowie einer irischen Bodhran eingespielt.

Track 1: Single Drumming, 20 min.
Track 2: Double Drumming, 20 min.
Track 3: Single Drumming, 30 min.

6-seitiges Digipack, 70 min.
ISBN 3-935581-31-9
€ 16,- / 28,90 SFR

Barbara G. Walker

Das geheime Wissen der Frauen

Wer kennt heutzutage noch die ursprüngliche herrschende Rolle der Frau in Mythologie, Religion und Geschichte, in Sprache, Kunst und Kultur? Die Antworten darauf hat Barbara G. Walker in 25 Jahren tiefgründig recherchiert.

Was einst durch das Patriarchat verfälscht und unterdrückt wurde oder gar in Vergessenheit geraten ist, wird von der Autorin mit diesem Werk aufgearbeitet und ins rechte Licht gerückt. Das uralte Wissen der Frauen, das früher als normal und selbstverständlich galt, wird hier wieder belebt.

Und sie verspricht nicht zuviel. Wer einmal angefangen hat, dieses (uralte) Wissen zu ergründen, der wird so bald nicht wieder davon loskommen.

Eine einzigartige Enzyklopädie mit altem Wissen und neuen Erkenntnissen - nicht nur für Frauen!

Ein Lexikon - ja ein Standardwerk - das in keinem Bücherregal fehlen darf!

1232 Seiten, viele Abb., 15,1 x 22,8 cm,
Hardcover, Schutzumschlag
ISBN 3-935581-26-2
€ 29,95 / 50,30 SFR

Jenny Blain

Seidr

Die neun Welten der Seidr-Magie
Ekstase und Schamanismus
im nordischen Heidentum

Dieses Buch basiert auf einer Studie zur nordeuropäisch schamanischen Technik des Seidr.

Im Seidr-Ritual wird die Seherin in Trance versetzt und reist so in eine der neun Welten. Noch in Trance unternimmt sie eine Heilung oder gibt eine Weissagung.

Selbst Anhängerin des Seidr, erforscht die Autorin nicht nur die gewaltig wachsende Szene in den USA, England und Schweden, sondern gewährt auch tiefe Einblicke in die rituellen Praktiken dieser Gruppen.

Jenny Blain legt hier eine seriöse Studie über eine kommende Bewegung vor, die von niemand anderem in diesem Umfang bisher untersucht und beschrieben wurde.

240 S., einige Illustrationen,
Broschur, A5,
ISBN 3-935581-22-X
€ 20,50 / 34,60 SFR